Dear Jesus

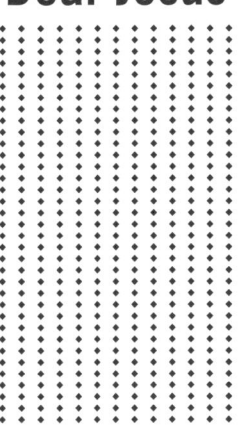

디 어 지 저 스

DEAR JESUS
by Sarah Young

Originally published in English as *Dear Jesus*
ⓒ 2007 by Sarah Young

Published by arrangement with Thomas Nelson, a division of HarperCollins Christian Publishing, Inc. through rMaeng2, Seoul, Republic of Korea.
All rights reserved.

This Korean translation edition Copyright ⓒ 2011, 2020 by Word of Life Press, Seoul, Republic of Korea.

이 한국어판의 저작권은 알맹2를 통하여 Thomas Nelson과 독점 계약한 생명의말씀사에 있습니다. 신저작권법에 의하여 한국 내에서 보호받는 저작물이므로 무단 전재와 무단 복제를 금합니다.

Dear Jesus
디 어 지 저 스

ⓒ 생명의말씀사 2011, 2020

2011년 5월 25일 1판 1쇄 발행
2020년 10월 30일 2판 1쇄 발행
2024년 8월 13일   2쇄 발행

펴낸이 | 김창영
펴낸곳 | 생명의말씀사

등록 | 1962. 1. 10. No.300-1962-1
주소 | 서울시 종로구 경희궁1길 6 (03176)
전화 | 02)738-6555(본사)・02)3159-7979(영업)
팩스 | 02)739-3824(본사)・080-022-8585(영업)

기획편집 | 구자섭, 유영란
디자인 | 조현진
인쇄 | 영진문원
제본 | 다인바인텍

ISBN 978-89-04-16726-5 (03230)

저작자의 허락없이 이 책의 일부 또는 전체를
무단 복제, 전재, 발췌하면 저작권법에 의해 처벌을 받습니다.

Dear Jesus
디 어 지 저 스

To.

From.

Date.

어둠 속에 있던 나를
그 놀라운 빛 가운데로 불러내신
세상의 빛,
그분의 탁월함을 세상에 선포하며
이 책을 예수님께 바칩니다.

들어가는 글

 이 책은 제가 겪어온 삶과 사람들 그리고 하나님과의 관계 가운데 벌인 치열한 씨름의 결과입니다. 저는 수년간 끊임없이 건강이 좋지 않았고 힘든 수술을 받아야 했습니다. 그 모든 상황에서 제가 할 수 있는 일은 아무것도 없었습니다. 저의 약함이 너무나도 명백하게 드러났지요. 제가 살아온 삶이 좀 더 평탄했다면 이 책을 쓸 수 없었을 겁니다.

 저는 결혼 후 처음 10년간 대부분을 일본에서 지냈는데, 그곳에 전혀 적응하지 못했습니다. 제가 자라온 문화적 기반에서 떨어지자 제 안에 있던 엄청난 결핍이 드러났습니다. 그 결핍은 사람들로는 채워지지 않았습니다. 마침내 저는 크리스천으로서 살아 계신 하나님께 전심으로 향했습니다. 그분을 더욱 친밀히 알기 원했고 그분의 임재를 계속해서 경험하고 싶었습니다.

 저의 첫 번째 책인 『지저스 콜링』은 예수님께 초점을 맞추며 그분의 임재를 기다리고 그분이 말씀하시는 바를 듣기 위해 마음의 소리에 귀 기울이는 시간을 통해 얻은 글입니다. 그분의 음성에 귀 기울이며 글을 쓰는 동안 저는 계속해서 성령님의 도우심을 구했습니다.

저는 몇 년간 예수님께 귀를 기울이며 기록한 글들 중 일부를 추렸습니다. 글의 선택과 배열은 무작위로 엮인 듯 보였지만, 독자들은 하루에 한 편씩 읽을 때마다 각기 특별한 필요와 당시 상황에 정말 적절하게 적용되었다고 수없이 말해 주었습니다.

결국 하나님이 그 모두를 섬세하게 조율해 주셨습니다. 주님이 그분의 크신 목적을 이루신 것입니다. 이해할 수 없는 그분의 일하심을 묵상할 때 제 마음에 사도 바울의 말이 메아리쳤습니다. "깊도다 하나님의 지혜와 지식의 풍성함이여, 그의 판단은 헤아리지 못할 것이며 그의 길은 찾지 못할 것이로다"(롬 11:33).

저는 예수님의 임재 속에서 귀를 기울이며 그리스도의 영께서 저의 생각을 이끄시기를 계속 구했습니다. 저는 성경만이 무오한 하나님의 말씀인 것을 믿습니다. 저의 글은 바로 그 절대적인 기준에 근거하며, 성경과 일관된다는 점을 분명히 하고자 노력했습니다.

이 책은 대화체로 이루어져 있습니다. 각 글은 세 부분으로 이루어집니다. 첫 번째와 세 번째 부분은 예수님이 말씀하시는 것으로 되어 있으며, 두 번째 부분은 개인적인 고백으로 실제 저의 고민과 열망이 표현되어 있습니다. 그러나 저뿐만 아니라 그리스도와의 깊고 친밀한 교제를 사모하는 다른 이들에게도 동일하게 적용되리라 생각합니다. 이 글을 읽는 여러분들 또한 그 친밀함을 사모한다고 믿습니다.

대화체 형식을 빌린 것은 독자 여러분과 예수님의 관계가 깊어지도록 돕고, 여러분이 삶의 더 많은 부분을 그분께 내어놓도록 돕기 위해서입니다. 글을 써 나가면서 저는 그분의 임재 속에서 조용히 기다리는 동안 저의 마음을 그분께 쏟아놓으면 도움이 된다는 사실을 경험했습니다. 저의 짐을 내려놓을 때 예수님께 더욱 귀를 잘 기울일 수 있었습니다. 또 제가 특정한 염려를 가지고 주님 앞에 나아올 때 그분의 음성에 더욱 잘 집중할 수 있었습니다.

이 책에서 언급한 주제들은 여러분에게도 의미 있는 것이라 생각합니다. 여러분이 현재 처한 환경과 문제와 연관이 있는 장을 먼저 읽으셔도 좋습니다.

각 글의 시작은 독자 여러분이 숨겨진 보물을 찾는 데 깊이 몰입할 수 있도록 생각을 일렁이게 하는 짧은 문장들을 택했습니다. 그리고 글의 마지막에는 저의 묵상의 기반이 된 성경 구절을 적어 두었습니다.

독자 여러분 한 명 한 명은 제게 참으로 소중합니다. 저는 여러분을 위해 매일 기도하고 있습니다. 우리 주님께서 이 책을 통해 여러분의 삶에 강력하게 역사하시기를 간절히 원합니다. 주님께 더 가까이 이끌려 그분의 임재를 기뻐하는 삶을 누릴 수 있기를 축복합니다.

사라 영(Sarah Young)

CONTENTS

들어가는 글　06

1장 불완전한 자신의 모습이 못마땅할 때　12
나는 너를 완벽하게 이해하며 너를 영원히 사랑한단다.

2장 고통스런 현실의 문제에 암담할 때　34
네 방식대로 일이 풀리지 않더라도 감사하렴. 영적인 복은 고난으로 포장되어 온단다.

3장 자신의 연약함과 한계를 느낄 때　56
너의 약점을 두려워하지 말거라. 나의 힘과 영광이 가장 멋지게 발휘되는 무대이니 말이야.

4장 감사드리고 싶지만 공허한 고백만 나올 때　78
감사는 내가 네 인생의 주인이며 공급자임을 인정하는 거란다.

5장 주님을 신뢰할 수 없을 때　100
너는 마음을 다하여 나를 신뢰하고 너의 판단력을 의지하지 말거라.

6장 춥고 어두운 세상에서 주님의 인도를 구할 때   122
내가 네 목자임을 기억하렴. 평안의 길을 걸으려면 전심으로 나를 따라와야 한단다.

7장 의무감과 책임감에 짓눌릴 때   144
스스로 문제를 해결하려는 충동을 억제하고 대신 나의 공급을 의지하렴.

8장 하나님께 주도권을 내드려야 할 때   166
성령님이 너의 마음과 행동을 지배할수록 너는 내 안에서 자유롭게 된단다.

9장 삶이 두렵고 불안할 때   188
네가 갈망하는 안정감을 내 안에서 찾으렴.

10장 하루를 인도해 줄 초점이 필요할 때   210
나를 바라보면 네 삶을 향한 나의 관점을 갖게 된단다.

11장 하나님의 임재를 항상 경험하기 원할 때   232
너의 공허감을 가지고 나오면 나의 신성한 임재가 네 삶을 가득 채울 거야.

1장

불완전한 자신의 모습이 못마땅할 때

나는 너를 완벽하게 이해하며 너를 영원히 사랑한단다.

산들이 떠나며 언덕들은 옮겨질지라도 나의 자비는 네게서 떠나지 아니하며 나의 화평의 언약은 흔들리지 아니하리라 너를 긍휼히 여기시는 여호와께서 말씀하셨느니라 _사 54:10

1

*"나는 너의 영혼을 사랑해.
너를 완벽하게 이해하고
너를 영원히 사랑할 거야."*

❖❖❖

"사랑하는 예수님,

저의 외모나 성과가 아니라 저의 영혼을 사랑해 주셔서 감사합니다. 저는 자주 저의 외모나 성과에 불만을 갖습니다. 특히 그것들에 집중할 때면 마음이 더욱 힘들어집니다.

주님, 저를 완벽히 이해하신다는 말씀에 감사합니다. 저는 가끔 오해를 받거나 무시를 당한다고 느끼고는 합니다. 주님의 자비로우며 실패가 없는 사랑을 경험하도록 저를 도와주세요."

나의 사랑하는 자야,

 내 사랑의 임재 안에서 쉼을 누리렴. 내 사랑의 빛이 너의 전 존재에 스미게 하렴. 내가 너의 생각과 느낌을 어루만져서 너 자신을 향하는 초점이 내게로 옮겨지도록 하렴. 잠시 손을 멈추고 내가 하나님인 것을 보거라. 나는 네가 나를 알도록 창조했단다. 나를 기뻐하고 네 삶의 중심을 내 안에 두도록 말이야.

 세상은 우상으로 넘쳐나지. 사람들이 자신에 대해 좀 더 나은 기분을 느끼고 싶을 때 의지하는 것들이 있어. 음식, 오락, 운동과 같은 취미나 어떤 사물이나 사람을 지배하는 일일 수 있지. 그러나 그 무엇도 오직 나만을 열망하는 네 영혼의 갈증을 시원케 할 수 없단다. 불량식품 같은 우상들이 너의 마음을 어지럽혀서 나를 향한 너의 강렬한 열망을 억누를 수 있을지는 몰라도 결코 네게 만족을 줄 수는 없어. 이런 우상들이 너의 영혼을 갉아먹는 것이 느껴질 때 내게로 오렴. 그러면 너의 영혼이 풍요로운 양식으로 만족케 될 거야.

•••

너희는 가만히 있어 내가 하나님 됨을 알지어다 내가 뭇 나라 중에서 높임을 받으리라 내가 세계 중에서 높임을 받으리라 _시 46:10

◆ **함께 묵상하면 좋아요** 사 54:10, 시 63:1-5

2

"너의 눈에 비치는 자신의 모습이나
다른 사람들의 눈을 통해
인정받으려 하지 말거라.
너는 이미 내 안에서 영원히 인정받았단다."

❖❖❖

"사랑하는 예수님,
 저는 눈에 보이는 모습으로 저를 판단하고는 합니다. 하지만 눈에 보이는 저의 이미지는 항상 변하기에 그것이 얼마나 얄팍하고 변덕스러운 일인지 잘 알고 있습니다.

 저는 다른 사람들이 저를 어떻게 평가하는지에도 역시 매여 있습니다. 저는 사람들과의 관계 안에서 보이는 저의 모습에 엄격한 편이어서, 제가 한 말과 행동이 거의 늘 못마땅합니다. 저는 주님의 인정이 절실합니다!"

나의 사랑하는 자야,

'매이다'라는 표현은 적합하지 않단다. 다른 사람들을 통해 자신를 바라보고 판단한다면 너는 정말 노예라고 할 수 있지. 겉모습으로 너의 가치를 평가하는 것은 그 기준이 너 자신이든, 혹은 다른 사람이든 언제나 너를 덮치는 덫이야. 마치 사금을 채취하려는 사람이 체 위에 남겨진 금은 보지 않고 아래로 떨어진 모래만 보는 것과 같아. 여기서 금은 너의 영원한 영역, 곧 영혼을 말한단다. 그 누구도 너의 영혼을 볼 수 없지만, 너와 영원히 함께하기로 계획한 나는 볼 수 있어. 그리고 눈에 보이지는 않지만, 잘 양육된 영혼은 실제로 너의 외모를 더욱 빛나게 한단다. 네가 나의 변함없는 사랑에 안식할 때 너의 얼굴이 내 임재의 기쁨으로 빛날 거야.

나는 나의 공의에 근거해 너를 인정하기 때문에 나의 시선은 영원히 변하지 않아. 자신을 볼 때 진정한 너의 모습 그대로 보려고 노력하렴. 그러면 완전한 공의를 덧입은 자, 영원하고 변함없는 인정으로 단장한 너의 모습을 보게 될 거야.

❖❖❖

내가 여호와로 말미암아 크게 기뻐하며 내 영혼이 나의 하나님으로 말미암아 즐거워하리니 이는 그가 구원의 옷을 내게 입히시며 공의의 겉옷을 내게 더하심이 신랑이 사모를 쓰며 신부가 자기 보석으로 단장함 같게 하셨음이라 _사 61:10

◆ 함께 묵상하면 좋아요　시 90:14, 시 21:6

3

"진정한 너의 모습 그대로,
나를 신뢰하며 내게 나아오렴.
네가 진정한 모습으로 나올 때
나는 너의 최선을 이끌어 낼 거야.
너의 영혼에 심어 놓은 은사를 말이지."

•••

"사랑하는 예수님,
 저의 진짜 모습으로 주님을 대면하기란 매우 고통스러운 일입니다. 무엇보다 저 스스로에게 진실해야 하니까요. 저의 고통을 정면으로 직시하느니 차라리 모르는 척하고 싶습니다.

 제게 무언가 잘못되었다고 느낄 때 저는 그 진실을 주님께 가져가기보다 저의 감정을 무디게 하는 편을 선택합니다. 주님, 제가 스스로를 직면할 용기를 주셔서 제가 주님 앞에 진실할 수 있도록 도와주세요."

나의 사랑하는 자야,

너 자신을 직면하는 최고의 방법은 네가 누구인지 기억하는 거란다. 너는 나의 의로움을 덧입은 자야. 정결한 구원의 겉옷 안에 있는 너의 실체에 대해 나는 어떤 환상도 갖고 있지 않지. 그럼에도 나는 네게서 큰 기쁨을 얻는단다. 그뿐 아니야. 너를 기뻐하며 노래하고 있어.

나의 다함없는 사랑에 너를 맡기렴. 무엇이 너를 괴롭게 하는지 함께 이야기하자꾸나. 고통의 시간을 나의 사랑의 임재 속에서 지나렴. 고통은 찬란한 빛 가운데 더욱 분명히 드러나겠지만 그래도 낙심하지 말거라. 확고한 나의 사랑 안에 안식하며 너의 끔직한 환경을 계속해서 직면해야 해. 겉으로 드러날까 봐 네가 두려워하는 그 실체는 나의 임재 앞에 아무런 힘을 쓰지 못한단다. 너를 돌보는 나의 능력을 신뢰하며 너를 위한 나의 계획에 따라 변화되기를 구하렴. 네 영혼에 심어 놓은 은사들을 키우기 위해 지금도 일하는 나와 협력하는 거야.

❖❖❖

너의 하나님 여호와가 너의 가운데에 계시니 그는 구원을 베푸실 전능자이시라 그가 너로 말미암아 기쁨을 이기지 못하시며 너를 잠잠히 사랑하시며 너로 말미암아 즐거이 부르며 기뻐하시리라 _습 3:17

◆ **함께 묵상하면 좋아요** 사 61:10, 시 13:5-6

4

"너의 관심이 내게서 떠나 멀어질 때
다시 찬찬히 내게 집중하렴.
나는 네가 완벽하기보다
꾸준히 나와 동행하기를 원한단다."

•••

"사랑하는 예수님,
 저의 반복되는 실패에도 저를 거절하지 않으시며 제가 꾸준하기를 바라신다는 사실이 제게 큰 안도감을 줍니다. 저의 마음이 어찌나 빨리 주님에게서 멀리 떠나 방황할 수 있는지 놀라울 지경입니다. 그리고 이런 일이 또 다시 일어났음을 깨닫는 순간, 그런 저 자신에게 낙심하고 실망하게 됩니다. 주님, 이 모든 불완전함에도 저를 받아 주셔서 감사합니다."

나의 사랑하는 자야,

 나는 너의 있는 모습 그대로 너를 받아들이고 사랑한단다. 나의 완전함을 너에게 주고자 나는 죄인처럼 죽었지. 그러기에 낙심하고 실망한 너의 생각을 내게 가져오는 일은 참으로 중요해. 나의 완전한 의로움이 너를 구원했단다. 이 사실은 결코 너를 떠나지 않을 거야!

 스스로에 대해 비현실적인 기대를 고집한다면 '자기 거절감'이라는 함정에 쉽게 빠질 수 있어. 그럴 때는 자신을 판단하지 말고 서서히 너의 초점을 다시 내게로 가져오렴. 너의 연약함에 실망한다면, 그 때문에 더 멀어질 수 있단다. 자기를 경멸하는 파괴적인 방식으로 반응하지 말고, 끈질기게 너의 관심을 내게로 돌리렴. 나는 언제나 변하지 않는 사랑으로 너를 환영해.

✦✦✦

오직 그리스도는 죄를 위하여 한 영원한 제사를 드리시고 하나님 우편에 앉으사 그 후에 자기 원수들을 자기 발등상이 되게 하실 때까지 기다리시나니 그가 거룩하게 된 자들을 한 번의 제사로 영원히 온전하게 하셨느니라 _히 10:12-14

◆ 함께 묵상하면 좋아요 눅 10:41-42, 시 36:7

5

"나는 너의 모든 상황을 이해한단다.
너의 삶에서 일어나는 일 가운데
내게 숨겨진 것은 없어.
너의 전부를 친밀히 아는 내가 은혜의 시선으로
너를 바라보니 두려워하지 말거라."

•••

"사랑하는 예수님,
 주님이 저의 전부를 정확하게 이해하신다니 정말 놀라운 일입니다. 그런데 저의 전부를 아시는 주님이 은혜의 시선이 아닌 율법으로 저를 판단하신다면 끔찍한 일이 될 것입니다.

 불행하게도 저는 율법주의에 매여 스스로를 판단하고는 합니다. 얼마나 바르게 잘 행했는지로 저를 판단합니다. 저의 행함은 주님의 거룩한 기준을 결코 충족시킬 수 없으며 그런 판단이 얼마나 어리석은지도 압니다. 저는 주님의 은혜가 반드시 필요한 존재입니다! 다른 사람뿐 아니라 제 자신도 은혜의 시선으로 볼 수 있도록 도와주세요."

나의 사랑하는 자야,

내게 와서 변함없는 나의 사랑을 받으렴. 너는 실패에 대한 두려움으로 떨고 있지만 너를 향한 나의 사랑은 결코 변함이 없단다. 은혜의 시선으로 내가 바라보는 너의 모습이 어떤지 궁금하니? 나의 고귀한 공의로 덧입혀진 너는 빛나는 존재야. 특히 나를 바라볼 때 그 빛은 더욱 환해지지. 내가 준 영광을 다시 내게로 돌릴 때 네가 얼마나 사랑스러운지 너는 모를 거야! 네가 나를 기뻐할 때면 나도 기쁨으로 외치며 즐거워한단다. 이것이 내 은혜의 시선에 비친 너의 모습이야.

나는 한계가 없기에 지금 너의 모습과 천국에서의 너의 모습을 동시에 볼 수 있어. 너의 지금 모습은 내가 네 안에 변화가 필요한 영역에서 일할 수 있도록 돕지. 네가 천국에서 이룰 모습은 내가 완전하고 영원한 사랑으로 너를 안을 수 있게 해. 은혜의 시선으로 바라보는 최선의 방법은 변함없는 나의 사랑의 렌즈를 통해 보는 거란다. 인내로 이 훈련을 계속하면 점차 너와 주변 사람을 은혜로 품기가 더욱 쉬워질 거야.

❖❖❖

하나님이여 주의 인자하심이 어찌 그리 보배로우신지요 사람들이 주의 날개 그늘 아래에 피하나이다 _시 36:7

◆ 함께 묵상하면 좋아요 시 34:4-5, 고후 3:18

••• ───── 6 ───── •••

"나는 네 가까이 있단다.
바로 곁에서 너의 모든 생각을 읽고 있지.
생각은 허무하고 쓸모없다고들 하지만
너의 생각은 내게 소중해."

•••

"사랑하는 예수님,
 그 말씀은 영광스럽기도 하지만 저를 매우 불안하게도 합니다! 생각은 저의 가장 비밀스럽게 감추어진 영역이면서 또 가장 통제하기 어려운 영역이기 때문입니다. 저는 비밀스러운 생각을 혼자 간직하면서 다른 사람들과 소통하고 관계를 쌓고는 합니다.

 저의 생각을 읽을 수 있는 주님의 능력은 두렵지만 동시에 멋진 일이기도 합니다. 제 자신을 감추지 않아도 되는 존재가 있다니 안심이 됩니다. 비밀은 결국 저를 외롭게 하기 때문입니다. 무엇보다 주님이 저의 모든 생각을 포함해 저의 전부를 돌보신다는 사실이 제가 주님께 얼마나 소중한 존재인지 확신하게 합니다."

나의 사랑하는 자야,

생각을 다스리기가 얼마나 어려운지 잘 안단다. 마음은 전쟁터와 같아서 악한 영이 너의 생각을 지배하려고 쉼 없이 공격하지. 때로 유익한 생각들로 너를 교묘히 속이기도 하면서 말이야. 네 안의 죄성도 너의 생각을 통해 드러날 기회를 찾고 있어. 그러니 깨어서 악한 영과 싸워야 해! 나는 너를 위해 싸우고 죽었단다. 네가 누구인지 또 누구에게 속했는지 기억하렴. 그럴 때 너는 구원의 투구를 쓰는 거야. 진리의 허리띠는 너의 마음을 보호하고, 내가 너를 위해 십자가에서 얻은 승리를 기억나게 할 거야.

너는 나의 보물이야. 그러니 너의 생각도 내게 보물이란다. 너의 생각이 나의 길로 돌아서면 나는 바로 알아차리고 기뻐하지. 너의 생각을 내게 이끌수록 더 많은 기쁨을 누릴 거야. 내가 악한 생각들을 무력하게 할게. 그리고 진실하고 고귀하고 옳고 순전하며 사랑스럽고 존경할 만한 것, 놀랍고 찬양받기 합당한 것을 생각하게 할게. 나의 임재 안에 평안히 쉬며 이를 묵상하렴.

••••

무엇에든지 참되며 무엇에든지 경건하며 무엇에든지 옳으며 무엇에든지 정결하며 무엇에든지 사랑 받을 만하며 무엇에든지 칭찬 받을 만하며 무슨 덕이 있든지 무슨 기림이 있든지 이것들을 생각하라 _ 빌 4:8

◆ **함께 묵상하면 좋아요**   시 139:1-2, 엡 6:17

7

"나는 너의 행위와 상관없이
너를 사랑한단다.
결과에 대한 불안을 내게 맡기고
변함없는 나의 사랑을 받으렴."

...

"사랑하는 예수님,
 저의 행위로 인해 불안해하는 것은 어리석을 뿐 아니라 역효과를 부른다는 사실을 알고 있습니다. 이 평안을 훔치는 도둑의 정체를 수차례 이성적으로 밝혀내려 했지만, 이 악당은 제가 수비를 게을리하면 끊임없이 제 마음을 할큅니다. 때때로 이유조차 알 수 없는 실패감과 싸우는 저의 모습을 마주합니다. 주님의 사랑의 능력으로 이 속박에서 자유롭게 되도록 도와주세요."

나의 사랑하는 자야.

 실패감이 들 때 내게로 오렴. 우리가 그 감정을 함께 살펴보도록 나의 임재의 빛 가운데로 가져오렴. 그 감정들은 거짓에 뿌리를 두기 때문에 나의 찬란한 빛 속에서 시들어버릴 거야. 이런 거짓 감정들은 어둠 속에서 번성하는데, 어둠 속에서는 좀처럼 알아채기 어렵단다. 행위에 대한 불안감은 어쩌면 너의 일상이 되었기에 쉽게 분별하지 못할 수 있어. 그러나 기억하렴. 내가 십자가 위에서 사역을 완성하여 사탄을 물리쳤을 때 이 불안감 또한 물리쳤단다!

 실패감이 너를 짓누를 때 고개를 들어 나를 바라보렴! 나의 변함없는 사랑의 빛줄기가 너를 비출 거야. 어둠을 물리치고 너를 내게 더 가까이 인도하면서 말이야. 내게 가까이 올수록 너를 인정하는 나의 미소를 더욱 잘 볼 수 있을 거야. 이 조건 없는 사랑의 빛을 받을 때 행위에 대한 불안에서 자유로워질 힘을 얻는단다. 행여 옛 습관에 다시 빠진다 해도 언제든지 내게 돌아오렴. 변함없는 나의 사랑 안에서 너는 늘 쉴 수 있어. 너는 영원히 내게 속한 자이기 때문이지.

•••

우리 주 예수 그리스도로 말미암아 우리에게 승리를 주시는 하나님께 감사하노니 _ 고전 15:57

◆ **함께 묵상하면 좋아요**   시 6:4, 시 36:7-9

8

"나와의 관계는 은혜로 깊어진단다.
그러니 네가 무엇을 했거나
혹은 하지 않았다고 해서
너를 나의 임재에서 멀리 떼어낼 수 없어."

•••

"사랑하는 예수님,
 주님의 은혜에 진심으로 감사드립니다. 주님을 실망시켰다고 느낄 때 저는 소중한 삶을 위해 은혜를 붙잡습니다. 죄책감과 두려움은 제가 주님의 사랑을 잃었다고 생각하도록 속입니다. 제가 무가치한 존재라는 느낌은 저를 스스로 정죄하게끔 유혹합니다.

 그때 저는 주님이 구원으로 저를 옷 입히신 것을 기억합니다. 주님의 의로움으로 저를 단장하셨음을 기억합니다. 저의 구원은 전적으로 주님께 달렸으며, 저를 살리기 위해 주님이 행하신 일에 의해 결정됩니다. 주님의 사랑 속에서 더욱 안전함을 느끼도록 도와주세요."

나의 사랑하는 자야,

 너를 향한 사랑을 멈추기란 내게 절대로 불가능한 일이야. 너와 나의 관계는 은혜 가운데 깊어져서 우리 둘은 영원히 헤어질 수 없단다. 양념에 잰 고기를 다시 원래대로 할 수 없듯이 말이야. 양념에 오래 절일수록 고기에 양념이 깊이 배어들어 풍미가 더해지고 부드러워지지. 내가 너의 구원자가 된 후 너는 은혜 속에 잠긴 것과 같아. 나의 은혜 속에 더욱 오래 잠길수록 우리의 관계에도 이 은혜가 더욱 온전히 스민단다. 네게서 은혜를 씻어 내는 것은 절대 불가능해!

 네가 받은 완벽한 구원 안에서 안식했으면 좋겠구나. 나의 영광스러운 은혜는 너를 내 눈에 거룩하고 흠이 없는 존재로 만든단다. 그러기에 네가 무엇을 행하거나 행하지 않았다고 해서 너를 내 사랑에서 멀리 떨어뜨릴 수 없어.

❖❖❖

내가 확신하노니 사망이나 생명이나 천사들이나 권세자들이나 현재 일이나 장래 일이나 능력이나 높음이나 깊음이나 다른 어떤 피조물이라도 우리를 우리 주 그리스도 예수 안에 있는 하나님의 사랑에서 끊을 수 없으리라 _롬 8:38-39

◆ **함께 묵상하면 좋아요** 엡 2:8, 사 61:10, 엡 1:4-6

9

"내 안에서 너는 결코 정죄함이 없단다.
너를 나의 의로움을 덧입은 자로 보기 때문이야.
내 안에서 죄 없는 존재로서 누리는
이 기쁨을 맛보렴."

❖❖❖

"사랑하는 예수님,
 주님의 의로움의 겉옷을 제게 주시니 감사합니다. 주님을 알아 갈수록 제게는 의로움이 전혀 없음을 더욱 분명히 깨닫게 됩니다. 저의 부족한 면에 집중할 때 자기 혐오라는 함정에 쉽게 빠지지만, 주님이 저를 구원으로 옷 입히셨음을, 그래서 더 이상 정죄함이 없음을 다시 생각합니다."

◆ 함께 묵상하면 좋아요 사 61:10, 벧전 2:9

나의 사랑하는 자야.

 네가 언제나 의로운 왕의 의복을 입은 빛나는 자로 자신을 볼 수 있도록 돕고 싶구나. 내가 너를 보듯 말이야. 네가 정한 성취의 기준을 만족시킬 때 너는 자신을 그렇게 보기가 더 쉬웠지. 하지만 너는 결코 내 기준을 만족시킬 수는 없었어. 앞으로도 그럴 것이고 말이야. 힘들고 어려운 날과 마찬가지로 모든 일이 잘 풀리는 좋은 날에도 너는 나의 의로움이 필요하단다. 흔히 범하는 실수가 있는데, 인생이 잘 풀릴 때는 나의 도움 없이도 잘 살 수 있다고 착각하는 거야. 그때는 내가 입혀 준 의로움이 불필요하게 느껴질지 모르지. 또 다른 실수가 있는데, 죄와 실패에 사로잡힌 나머지 절망에 빠져 나의 구원이 너의 모든 죄를 덮기에 부족함이 없다는 사실을 잊는 거야.

 나의 안에서 경험하는 죄 없는 존재로서의 기쁨을 네가 누리기 원한단다. 너의 구원자가 되었을 때 나는 완전한 의로움으로 너를 단장했어. 그 무엇도, 그 누구도 네게서 이 옷을 벗길 수 없단다! 의로움을 덧입은 자로 네 자신을 계속 바라보면 찬란한 나의 임재 가운데 더 기뻐하게 될 거야. 너는 나의 아름다운 덕을 선포하도록 왕과 같은 신분으로 선택받았어. 바로 내가 너를 어두운 데서 불러내 나의 기이한 빛에 들어가게 한 하나님이야!

❖❖❖

그러므로 이제 그리스도 예수 안에 있는 자에게는 결코 정죄함이 없나니 이는 그리스도 예수 안에 있는 생명의 성령의 법이 죄와 사망의 법에서 너를 해방하였음이라 _롬 8:1-2

10

"나의 사랑과 기쁨과 평안으로 너를 채우렴.
살아 있는 나의 임재에서 흘러나오는
영광의 선물이란다."

•••

"사랑하는 예수님,
 저는 흙으로 빚어진 토기에 불과할 뿐 아니라 깨어진 그릇입니다. 그래서 저는 채워지고 또다시 채워져야 하는 존재입니다. 반복해서 계속계속 말이에요. 주님이 없다면 저는 말로 표현할 수 없이 공허할 것입니다. 저를 주님의 사랑과 기쁨과 평안으로 가득 채워 주세요."

나의 사랑하는 자야,

나의 선물들로 너를 채우기 원하지만 이 일은 시간이 걸린단다. 나의 임재 속에는 가능한 짧게 거하면서 최대한 많은 복을 얻으려는 태도로 성급하게 달려들지 말거라. 대신 너의 왕인 나와 교제하는 놀라운 특권을 만끽하며 한동안 나와 함께 시간을 보내자꾸나. 네가 나와 함께 머물 때 나의 생명이 네게로 흘러들어간단다. 흙으로 빚어진 토기에 불과한 너를, 그것도 깨진 그릇인 너를 나는 하늘의 것으로 채우기로 선택했어!

나의 사랑과 기쁨과 평안으로 가득 채워져 넘쳐나기까지 네가 완전히 내 것이 되기를 원해. 그런데 이 선물은 새어 나가기 때문에 너는 계속 내가 필요하단다. 이것은 실수도 결함도 아니야. 바로 이 필요 때문에 너는 계속해서 나를 바라보며 내게 의지하고 나와 교제하게 되는 거야. 너는 깨지기 쉬운 토기에 불과하지만 나는 가장 귀한 보물로 너를 채웠어. 복음의 신성한 빛이 네게 가득하지. 인간이 얼마나 깨지기 쉽고 약한지를 보면서 네가 아닌 내게서 위대한 능력이 나온다는 것을 알게 될 거야. 나의 영광의 선물이 네게 채워질 때 나의 경이로운 빛이 너를 통해 다른 이의 삶을 비추게 된단다.

・・・

이같이 너희 빛이 사람 앞에 비치게 하여 그들로 너희 착한 행실을 보고 하늘에 계신 너희 아버지께 영광을 돌리게 하라 _마 5:16

◆ **함께 묵상하면 좋아요** 갈 5:22, 고후 4:7

2장

고통스런 현실의 문제에 암담할 때

네 방식대로 일이 풀리지 않더라도 감사하렴.
영적인 복은 고난으로 포장되어 온다.

이것을 너희에게 이르는 것은 너희로 내 안에서 평안을 누리게 하려 함이라 세상에서는 너희가 환난을 당하나 담대하라 내가 세상을 이기었노라 _ 요 16:33

11

"해결되지 않는 문제는
네 곁에서 가르치는 가정교사와 같단다.
하지만 가르침을 받겠다는 의지가 있어야
배울 수 있지."

...

"사랑하는 예수님,
 이런 가정교사는 정말 싫습니다! 제가 정말로 원하는 것은 이 문제에서 자유로워지고 멀리 벗어나는 것입니다. 이 정도면 충분히 어려움을 겪은 것 아닌가요? 이런 문제를 겪지 않고도 제가 배울 수 있는 다른 방법이 분명히 있을 겁니다."

나의 사랑하는 자야,

나는 네가 문제라는 가정교사를 좋아하게 되리라고 기대하지 않는단다. 문제를 즐거워할 사람은 없지. 하지만 내가 그 문제를 가정교사로 네 곁에 두었다는 사실을 받아들일 필요가 있어. 중요한 건, 내가 이런 문제들까지 합력해서 너의 삶에 선을 이룰 거라고 신뢰하는 거란다. 삶은 당연히 순탄해야 한다는 생각을 경계하렴. "세상에서는 너희가 환난을 당하나"(요 16:33)라고 말했을 때 나는 또한 너희가 담대할 수 있다고 약속했어. 그런데 내가 너를 위해 준비한 것을 모두 배우려면 나의 수업 방식을 받아들여야 해. 나는 토기장이이고 너는 진흙이야. 나의 뛰어난 손 안에서 빚어지려면 너는 더욱 부드러워져야 한단다.

문제를 변장한 축복으로 여기렴. 네가 나의 길을 반하거나 회피하지 않고 신뢰로 받아들인다면, 나의 영을 통해 자유를 발견하게 될 거야. 더 놀라운 사실은 그렇게 할 때 네게 나의 영광이 더해져서 다른 이들에게 나를 비추는 능력이 생긴단다.

❖❖❖

이것을 너희에게 이르는 것은 너희로 내 안에서 평안을 누리게 하려 함이라 세상에서는 너희가 환난을 당하나 담대하라 내가 세상을 이기었노라 _요 16:33

◆ **함께 묵상하면 좋아요**   사 64:8, 고후 3:17-18

12

"영적인 복은
고난으로 포장되어 온다.
일이 너의 방식대로 풀리지 않을 때는
내게 감사하렴."

•••

"사랑하는 예수님,

일이 제가 바라는 대로 풀리지 않을 때마다 감사한다면, 아마 꽤 자주 감사를 드리게 될 거예요! 일이 마치 저를 대항해서 쌓이는 듯 느껴질 때가 많습니다. 저를 좌절시키기 위해 계획된 것처럼 말입니다. 좌절감을 느낄 때 하나님께 감사드리기란 제게 자연스러운 일이 아닙니다."

나의 사랑하는 자야,

 태초에 내가 창조한 이 땅은 지극히 완벽했단다. 그러나 타락한 세상에는 좌절이 넘쳐나지. 너의 마음은 이해하지만, 그래도 여전히 감사하는 것이 최선의 반응이란다. 네가 그렇게 할 때 내가 너보다 그리고 너의 문제보다 큰 존재라고 인정하는 거야.

 불평하고 싶을 때 내게 감사하는 것은 초자연적인 반응이야. 그렇게 하려면 나의 영의 도움이 필요해. 나의 말에 순종하고 나의 영을 의지해 내게 감사할 때 너의 좌절감이 사라지기 시작할 거야. 너의 생각대로 일을 해결하려고 안간힘을 쓰는 대신 너의 염려를 내게 내려놓게 되지.

 너를 화나게 하는 바로 그 문제에서도 내가 선한 일을 이끌어낼 수 있음을 생각하렴. 너의 눈과 마음을 열어 상황을 새롭게 보렴. 나의 관점으로 보려고 노력한다면 시험 속에서 보물을 발견할 거란다.

✦✦✦

범사에 감사하라 이것이 그리스도 예수 안에서 너희를 향하신 하나님의 뜻이니라 _살전 5:18

◆ 함께 묵상하면 좋아요 사 43:18-19

— 13 —

"이 날은 내가 정한 날이란다!
이 날을 기뻐한다면
소중한 선물과 유익한 훈련을 얻을 거야."

•••

"사랑하는 예수님,
 기뻐하고 즐거워하기 쉬운 날도 있지만 오늘은 그런 날이 아닙니다. 칼바람이 휘몰아치는데 황량하고 가파른 산등성이를 올라가는 느낌입니다. 주님이 함께하심을 알지만 느껴지지 않고 저 혼자뿐인 것 같습니다. 오늘 같은 날에는 도저히 기뻐하기 어렵습니다. 주님이 오늘 저를 위해 준비한 모든 것을 발견하도록 저를 도와주세요."

나의 사랑하는 자야,

 기쁨을 누리지 못하는 자신을 비난하지 말거라. 너의 모든 필요를 가지고 내게로 오렴. 내게서 멀어진다면 너의 자원이 제한되고 또 부정적인 환경이 너의 부족함만 주목하게 할 거야.

 네게 가장 필요한 것은 나와 깊이 연합하는 거란다. "예수님, 저를 도와주세요!"라고 내게 소리쳐 간구하렴. 그리고 나의 임재 속에서 인내하며 기다리렴. 할 수 있다면 찬양을 부르렴. 그러면 너를 몸부림치게 하는 그 피로가 결국 너를 새 힘을 얻는 길로 인도할 거야.

 내가 그 길에 흩뿌린 보석을 발견하도록 도와줄게. 그뿐 아니야. 네가 나와 함께 그 시험을 넘어서기로 도전하며 인내한다면 근심하는 자 같으나 항상 기뻐하는 것이 어떻게 가능한지 경험하게 될 거야.

••••

비록 젊은이들이 피곤하여 지치고, 장정들이 맥없이 비틀거려도, 오직 주님을 소망으로 삼는 사람은 새 힘을 얻으리니. 독수리가 날개를 치며 솟아오르듯 올라갈 것이요, 뛰어도 지치지 않으며, 걸어도 피곤하지 않을 것이다 _사 40:30-31(새번역)

◆ 함께 묵상하면 좋아요   시 118:24, 요 15:5, 고후 6:10

14

"나는 너를 내버려 두는 하나님이 아니야.
내가 너의 인생에 난관을 허락할 때는
그 문제를 다룰 수 있는 방법도
충분히 제공한단다."

•••

"사랑하는 예수님,
 주님은 완벽하시기에 제게 무심하실 수 없음을 압니다. 그리고 주님이 완전한 통치권을 가지신 것도 압니다. 주님의 허락 없이는 그 어떤 일도 일어날 수 없습니다.

 그러나 삶의 어려운 문제들이 저를 압도할 때, 주님이 허락하신 그 문제들이 저를 억누를 때면 주님이 제게 아무런 관심이 없으신 것처럼 느껴집니다. 이 고난을 헤쳐 나갈 방법을 주셨다고 믿지만, 그 도구를 사용하려면 주님의 도움이 필요합니다."

나의 사랑하는 자야,

 나의 도움이 필요하다고 깨달았다면 그 싸움은 이미 절반은 승리한 거란다. 네게는 나의 말과 영이 필요해. 성경이 네게 본질적인 지혜를 줄 거야. 내가 너를 가까이에서 돌본다는 약속, 죄악의 함정을 피하게 하는 훈계, 실패와 실수의 용서, 성령님이 네 안에 거하시며 능력을 주신다는 약속이 바로 그 지혜야.

 네게 일어나는 많은 시험에 놀라거나 두려워하지 말거라. 영원한 본향에 가기 전까지 네 삶은 아주 치열한 전투란다. 네가 전쟁 중인 군사라고 생각한다면 발생하는 문제를 다루기가 더 쉬워질 거야. 네가 처한 현실을 한탄하느라 시간과 에너지를 낭비하지 않게 되지. 고난 속에 혼자 남겨진 것 같은 기분에 사로잡히는 걸 막아 줄 거야.

 나는 네가 어려움에 대처할 수 있도록 필요한 모든 수단을 정말 제공한단다. 하지만 내가 제공하는 도움을 사용하려고 노력해야 해. 나의 임재, 나의 말, 나의 영을 구하렴. 짐이 무거울 때 내게로 와. 너의 영혼의 쉼터가 될게.

❖❖❖

두려워하지 말라 내가 너와 함께함이라 놀라지 말라 나는 네 하나님이 됨이라 내가 너를 굳세게 하리라 참으로 너를 도와 주리라 참으로 나의 의로운 오른손으로 너를 붙들리라 _사 41:10

◆ **함께 묵상하면 좋아요** 벧전 5:8-9, 마 11:28-29

15

"네가 나와 늘 교제하며 산다면,
염려할 시간이 없다는 사실을
깨달을 거야."

•••

"사랑하는 예수님,
 이런 말하는 제 자신이 싫지만, 저는 항상 걱정하고 염려합니다. 끔직한 괴물 같은 염려와 수년간 씨름하면서도 성공한 적이 거의 없습니다. 걱정하지 않으려는 노력은 마치 어떤 생각을 떨치기 위해 몸부림치는 것 같아서 노력할수록 더욱 염려하게 됩니다. 저는 이 싸움에서 주님의 도움이 절대적으로 필요합니다."

나의 사랑하는 자야,

이 싸움을 혼자서 한다면 큰 역효과만 불러올 거야. 네게는 확실히 나의 도움이 필요해. 염려하지 않아야 하는데 염려하는 자신 때문에 더 염려하게 되니 말이야. 최고의 전략은 문제에 집중하기를 멈추고 나와의 교제에 더 열정을 쏟는 거란다. 이렇게 접근하면 염려뿐 아니라 모든 부정적인 성향에서 자유를 얻을 수 있어. 해롭고 자신을 파괴하는 행동이 경이롭도록 긍정적인 것, 즉 너의 창조자이며 구원자인 나와의 교제로 바뀌는 거지.

나는 너의 창조자야. 그러기에 나는 너를 위한 최선을 알고 있어. 나는 네가 나와 풍성한 교제를 나누도록 계획했단다. 그리고 나는 너의 구원자야. 그러기에 너의 삶이 언제 엉망이 되는지도 알고 있어. 너희 한 사람 한 사람의 죗값을 치르기 위해 내가 죽었다는 것을 기억하렴. 내게 말할 뿐 아니라 내가 네게 하는 말을 들으렴. 나는 성경을 통해, 나의 영을 통해 그리고 내가 지은 창조 세계를 통해서 네게 말한단다. 나와 교제할수록 염려하느라 낭비하는 시간은 사라지게 될 거야.

◆◆◆

쉬지 말고 기도하라 _살전 5:17

◆ **함께 묵상하면 좋아요**　눅 12:25-26, 잠 12:25, 시 24:4-5

16

"문제와 고난은 이 사라질 세상이라는
천에 짜여진 무늬와 같단다.
네 안에 있는 나의 생명만이
끝없는 문제를 담대하게 직면할 힘을 줄 거야."

•••

"사랑하는 예수님,
 많은 문제를 직면할 때 솔직히 저는 활기찰 수 없습니다. 문제에 초점을 맞추다 보니 주님을 바라보는 제 시야가 뿌옇게 흐려집니다. 머리로는 이 세상이 깨어진 상태임을 알지만 저의 마음은 여전히 문제가 없는 삶을 열망합니다. 저를 도우셔서 이 세상을 현실적으로 이해하고 절망에 굴복하지 않게 해 주세요."

나의 사랑하는 자야,

타락한 이 세상은 잠시뿐이라는 것을 기억해야 한단다. 세상은 사라질 거야! 이 땅은 너의 본향이 아니란다. 그러니 그 속에서 네가 불편해하는 것은 당연해. 네 영혼은 너의 진정하고 영원한 본향을 열망하게 되어 있어. 그러니 그 열망을 억누르지 말거라. 대신 그 열망을 천국이 너의 궁극적인 목적지라는 사실을 기억하는 자극제로 받아들이렴.

그렇지만 나는 이 땅에서도 네가 잘 살기를 진정 바란단다. 나는 너 혼자서 이 땅의 문제와 고난을 해결하도록 너를 버려두지 않아. 나의 영이 네 안에서 너와 함께한단다. 성령님께 너의 마음의 자리를 충분히 내드리렴. 네가 환경을 뛰어넘어 살 수 있도록 성령님이 네게 능력을 부어주실 거야. 내가 이 진리를 네게 말하는 이유는, 문제로 가득한 네 삶의 한복판에서 내가 주는 평화를 경험하게 하기 위해서야. 너는 이 땅에서 계속 시험과 좌절을 겪겠지만 담대하거라. 내가 세상을 이겼단다.

•••

내가 아버지께 구하겠으니 그가 또 다른 보혜사를 너희에게 주사 영원토록 너희와 함께 있게 하리니 그는 진리의 영이라 세상은 능히 그를 받지 못하나니 이는 그를 보지도 못하고 알지도 못함이라 그러나 너희는 그를 아나니 그는 너희와 함께 거하심이요 또 너희 속에 계시겠음이라 _요 14:16-17

◆ 함께 묵상하면 좋아요 요 14:2, 요 16:33

17

"염려는 너를 옭아매고
네 자신의 생각에 너를 가두고 말거야.
나를 바라보고 나의 이름을 부르렴.
그 덫에서 벗어나도록 내가 도와줄게."

❖❖❖

"사랑하는 예수님,

 주님은 저를 너무도 잘 이해하십니다. 저는 염려하는 마음이 들면 분별력을 잃어버립니다. 생각이 통제되지 않고 점점 파괴적으로 변합니다. 그러면 염려는 더욱 커지고 사고력은 점점 더 무력해지는 악순환에 빠집니다. 그럴 때는 주님이 저와 함께하시며 제게 도움을 주신다는 사실을 기억하기가 어렵습니다."

나의 사랑하는 자야,

염려의 덫에 빠졌을 때 거기서 빠져나오기가 얼마나 힘든지 잘 안단다. "예수님!" 하고 나의 이름을 부르며 생각의 방향을 바꾸라고 격려하는 이유가 그 때문이야. 나의 이름을 부르는 이 단순한 행동은 네가 명확하게 사고할 수 없을 때에도 생각을 전환하게 한단다. 나의 이름에는 위대한 능력이 있어서 너를 옥죄는 염려들로부터 네가 자유로워지도록 도울 수 있어. 아주 작은 목소리라도 나의 이름을 부르기만 하면, 내가 계속 너와 함께 있음을 깨달을 거야. 너를 자유롭게 하는 이 진리는 나를 따르는 모든 이에게 준 약속이란다. 나의 임재는 자유와 완벽한 조화를 이루어서 너의 생각을 나와의 대화로 바꾸어 주지.

내가 너의 기도에 항상 귀 기울인다는 사실에 감사하며 나와의 대화를 시작하렴. 그리고 무엇이 너를 염려케 하는지 이야기하자꾸나. 내가 너의 모든 것을 완벽하게 이해한다는 사실을 신뢰하면서 말이야. 나와 대화하면 너를 억누르는 짐의 무게가 나의 강한 어깨로 옮겨져서 네가 쉼을 누릴 수 있단다. 그러면 너는 쉼 없이 공급하는 나의 도움을 받을 준비가 된 거지.

・・・

여호와의 사랑을 입은 자는 그 곁에 안전히 살리로다 여호와께서 그를 날이 마치도록 보호하시고 그를 자기 어깨 사이에 있게 하시리로다 _신 33:12

◆ 함께 묵상하면 좋아요 요 8:31-32, 시 139:23

18

"내일의 문제를 오늘 짊어지려 한다면
그 짐으로 비틀거리다 결국 주저앉고 말거야.
오늘을 사는 훈련을 해야 한단다."

•••

"사랑하는 예수님,

오늘을 사는 훈련은 어렵지만 간절히 배우고 싶습니다. 저의 초점은 늘 오늘의 문제에서 내일의 문제로 쉽게 미끄러집니다. 그리고 이 성향이 일종의 현실도피임을 깨닫습니다. 저는 내일의 문제에 초점을 맞춰서 오늘의 문제를 회피하는 것입니다.

하지만 이러한 현실도피는 저를 더욱 괴롭게 합니다. 걱정은 매우 고통스럽고 또 스스로를 파괴하는 행동이기 때문입니다. 내일을 염려할수록 오늘 제가 이룰 수 있는 일이 더 적어지고 맙니다."

나의 사랑하는 자야.

 나의 생각도 너의 생각과 같단다. 하지만 또 다른 사실이 있어. 내일의 문제에 집중하는 것은 현실도피일 뿐 아니라 무책임한 태도야. 너의 하루하루는 내가 준 선물이란다. 나의 선물을 네가 낭비할 때 나는 슬픔을 느끼지. 물론 내일 일을 전혀 생각하지 않을 수는 없어. 그 또한 무책임한 태도야. 여기서 진짜 문제는 네가 하루의 대부분을 어느 시간에서 사느냐는 거란다. 현재를 사는지 아니면 미래를 사는지 말이야.

 너의 생각은 자주 불필요하게 미래지향적이야. 네가 오래 길들여진 이 습관을 버리려면, 너의 사고를 엄격하게 살펴보아야 해. 감정에 주의를 기울이면 도움이 된단다. 감정은 너의 사고가 바른 길을 벗어나는지 단서를 주거든. 현재 일이 잘 풀리는데 무언가 부정적인 감정이 든다면, 너의 생각을 사로잡아 검토해 보렴. 많은 경우 미래에 대한 걱정에 사로잡힌 자신을 발견하게 될 거야. 그 염려를 내게 가져오렴. 그 문제를 살펴 달라고 내게 구하렴. 혹은 네가 그 문제에 대처할 수 있도록 도와달라고 간구하렴. 나는 네가 문제를 초월해 높은 곳으로 다니게 할 수 있단다!

...

그러므로 내일 일을 위하여 염려하지 말라 내일 일은 내일이 염려할 것이요 한 날의 괴로움은 그 날로 족하니라 _마 6:34

◆ **함께 묵상하면 좋아요** 고후 10:5, 합 3:19

19

"사람은 누구나 살면서
인생의 오르막과 내리막을 경험한단다.
모든 순간 내가 함께하겠다고 약속할게.
나는 네가 밑바닥까지 떨어지도록 두지 않아."

◆◆◆

"사랑하는 예수님,
 인생의 내리막을 받아들이기란 쉽지 않습니다. 그런 때는 실패자가 된 듯한 느낌이 듭니다. 인간은 누구나 그렇다고 생각하면 위안이 됩니다. 하지만 정말 실패했다고 느낄 때는 주님이 함께하신다는 기쁨을 기억하기가 거의 불가능합니다. 그래서 감정적으로 주님의 부재를 느낄 때 저는 주님이 함께하겠다고 하신 약속에 매달립니다."

◆ 함께 묵상하면 좋아요 사 53:3, 고후 6:10

나의 사랑하는 자야,

　단언하건대, 나는 슬픈 날들에서도 선을 이끌어낼 수 있단다. 도움과 능력을 구하며 나의 얼굴을 찾는 동안 너는 고통의 시간을 통해 온전히 나를 의지하는 법을 배울 거야. 나는 너에게 기쁜 날들이 많도록 복을 주었지. 하지만 거기에 매달리거나 그것이 영원하기를 바라서는 안 돼. 그보다는 모든 가능성을 열고 그 복을 가볍게 쥐고는 이 순간의 아름다움을 만끽하렴. 너의 모든 경험으로 내게 감사한다면 기쁨이 더욱 커질 거야.

　만일 슬픔이 너의 손을 잡고 걷거든, 내가 준 복으로 여기며 포용하렴. 슬픔을 너의 마음으로 받아들이면 그 슬픔이 너의 영혼을 더욱 깊고 풍성하게 할 거야. 슬픔은 나에 대해 많은 가르침을 준단다. 슬픔을 알았던 인자요, 고통과 친숙했던 나에 대해 말이지. 너는 내가 함께한다는 약속에 근거해 소망을 품을 수 있어. 이 소망은 네가 고통 속에서도 지나치게 낙담하지 않게 할 거야. 확언컨대, 나의 도움으로 너는 다시 나를 찬양하게 될 거야. 그러나 내가 보호한다고 해서 늘 상황이 재빨리 바뀌는 것은 아니란다. 너는 당분간 슬픔과 여정을 계속해야 할지도 몰라. 그러나 그 여정을 계속하면서 너는 내 안에서 새로운 역량을 발견할 거야. 근심하는 자 같으나 항상 기뻐하는 능력을 말이지.

・・・

내 영혼아 네가 어찌하여 낙심하며 어찌하여 내 속에서 불안해 하는가 너는 하나님께 소망을 두라 그가 나타나 도우심으로 말미암아 내가 여전히 찬송하리로다 _시 42:5

20

"너의 인생에는 항상 문제가 있겠지만
그 문제에 초점을 맞추지 말거라.
상황이라는 바다에 가라앉을 때
'예수님, 도와주세요!'라고 외치렴.
내가 너를 다시 내게로 이끌게."

•••

"사랑하는 예수님,
 저는 긍정적인 것만 보장받고 싶습니다. 그런데 주님은 끊임없이 문제가 있을 거라고 보장하십니다. 그럴 때 저는 부정적인 마음이 듭니다. 우는 아이에게 '계속 그렇게 울면 눈물이 쏙 빠지게 혼내 줄거야!'라고 꾸짖는 부모가 떠오릅니다. 하지만 저는 주님이 어떤 분이신지 잘 알고 있습니다. 저를 위협하시려는 것이 아니라 저를 도우시려고 그렇게 행하시는 것을 믿습니다."

5장

주님을 신뢰할 수 없을 때

**너는 마음을 다하여 나를 신뢰하고
너의 판단력을 의지하지 말거라.**

네 길을 여호와께 맡기라 그를 의지하면 그가 이루시고 _ 시 37:5

"마음을 다해 나를 신뢰하고
너의 판단력을 의지하지 말거라.
범사에 나를 인정하면
내가 너의 길을 곧게 할 거야."

•••

"사랑하는 예수님,
 온 마음을 다해 주님을 신뢰하기를 수년간 목표로 삼았는데 별 진척이 없습니다. 실패의 원인은 아마 모든 것을 이해하고 판단하려는 저의 마음의 강한 욕구일 것입니다. 저의 명철에 의지하려는 강한 자극뿐 아니라, 스스로 삶을 잘 통제하고 있다는 기분을 느끼고 싶은 강력한 열망도 실패를 한몫 거듭니다. 온 마음으로 주님을 신뢰하기 원하지만 어떻게 해야 할지 정말 모르겠습니다."

나의 사랑하는 자야,

  나는 진정 네가 인생의 문제를 해결하도록 돕고 싶단다. 어려움을 다루는 잘못된 방법들이 많지. 어떤 사람은 모래 속에 머리는 박는 타조처럼 문제를 회피하고는 해. 그러나 너는 이와는 정반대로 행하는 경향이 있구나. 문제에 불필요하게 몰두하는 것 말이야. 이 성향에 굴복하면 너는 두려움과 낙심에 빠지게 될 거야. 나는 네가 문제로부터 생각을 떼어 내서 내게 고정하도록 너를 훈련하고 있어. 너는 나아지고 있단다. 그러니 인내를 가지고 방황하는 너의 생각이 나를 향하도록 다스리렴.

  한꺼번에 많은 난관을 마주하는 상황은 참 어렵지. 마음이 압도되고 생각은 이 문제에서 저 문제로 갈팡질팡할 거야. 이 상태가 오래 지속되면 지치면서 휘몰아치는 상황의 바다에서 좌초되기 시작한단다. 고통스러운 감정을 느끼며 도움이 필요하다고 깨달을 거야. 바로 그 순간에 "예수님, 저를 도와주세요!"라고 외치렴. 그러면 내가 와서 너를 구할게. 문제에 빠진 너를 들어올려서 너를 내게 가까이 이끌게. 나를 바라보는 동안 공포는 사라지고 너는 안정감을 회복하게 될 거야. 나의 임재를 기뻐할 시간을 따로 떼어 구별하렴. 그러면 평안이라는 복을 누리게 된단다.

❖❖❖

여호와께서는 자기에게 간구하는 모든 자 곧 진실하게 간구하는 모든 자에게 가까이 하시는도다 _시 145:18

◆ **함께 묵상하면 좋아요**   히 3:1, 엡 2:14

나의 사랑하는 자야,

온 맘을 다해 나를 신뢰하려는 너의 목표가 참 귀하구나. 이를 위해 나는 너의 삶을 통해 너를 훈련하고 있단다. 나는 너의 마음에 그 초자연적인 일을 이룰 거야. 네 삶의 많은 어려움들은 나의 이런 노력에서 계획된 것임을 인식하렴.

나는 네가 온 마음과 뜻을 다해 나를 신뢰하기를 원한단다. 성령님이 네가 나를 신뢰하도록 너의 생각을 도우실 거야. 하지만 너의 협력이 있어야 해. 스스로 삶을 통제한다는 느낌을 누리기 위해 자신의 명철을 의지하지 말고, 성령님이 너의 마음을 지배하시기를 간구하렴. 그리고 확신을 가지고 그 결과를 기다리렴. 네가 나를 바라보고 나를 신뢰하며 나와 소통할 때, 내가 너의 앞길을 곧게 할 거야.

•••

너의 마음을 다하여 여호와를 신뢰하고 네 명철을 의지하지 말라 너는 범사에 그를 인정하라 그리하면 네 길을 지도하시리라 _잠 3:5-6

◆ 함께 묵상하면 좋아요   시 37:5, 롬 8:6

42

> "나의 평화를 얻으려면
> 움켜쥐는 마음, 통제하려는 태도를 버리고
> 열린 생각과 신뢰를 가져야 한단다.
> 너의 영혼을 상하게 하지 않으면서
> 잡을 수 있는 유일한 것은
> 나의 손뿐이야."

•••

"사랑하는 예수님,

 저는 안전하다고 느끼고 싶어서 움켜쥐고 통제하려 합니다. 하지만 이런 방식들은 결국 마음을 상하게 하며 실제로는 의도와 다른 결과를 가져온다는 사실을 깨닫습니다. 통제하기 위해 상황을 조종하고 부여잡을수록 더욱 불안해집니다. 이런 방식으로 성공한다 해도 잠시뿐입니다. 곧 상황을 경계하며 살펴야 하거나 그 성공을 잃을지 모른다는 위험을 감수해야 합니다. 주님, 움켜쥔 저의 손을 펴서서, 제가 주님이 저를 위해 주시는 모든 것을 신뢰하며 받도록 도와주세요."

나의 사랑하는 자야.

  너의 몸이 하는 일은 너의 영혼에서 일어나는 일을 돕거나 방해할 수 있단다. 무언가를 통제하려고 움켜잡는 자신을 인식하게 되거든 너의 행동을 유의하렴. 문제를 움켜잡은 손을 의도적으로 펴서 그 문제를 내가 다스리도록 내게 넘겨 주렴. 나를 향해 두 손을 높이 들고 너의 마음과 생각도 함께 열거라. 그렇다면 이제 네가 나의 임재를 경험하는 최고의 복뿐만 아니라, 나로부터 임하는 많은 복을 받을 준비가 된 셈이란다.

  따스하게 비추는 내 사랑의 빛을 받으며 내게서 흘러나오는 평화를 누리렴. 다시 원래의 습관으로 돌아가려 하면 어린아이처럼 나를 의지하며 나의 손을 잡으렴. 나는 너의 주 하나님이란다. 두려워하지 말거라. 내가 너의 오른손을 붙잡고 끝까지 너를 도와줄게.

◆◆◆

이는 나 여호와 너의 하나님이 네 오른손을 붙들고 네게 이르기를 두려워하지 말라 내가 너를 도우리라 할 것임이니라 _사 41:13

◆ 함께 묵상하면 좋아요 딤전 2:8, 요 20:19, 마 18:4

43

"네가 전심으로 나를 신뢰한다면,
무엇도 나의 평안에서 너를 떼어 놓을 수 없어.
너의 모든 인내의 시간은
네가 나를 신뢰하게 하는 도구로
선하게 사용될 거야.
모든 상황 속에서 나를 신뢰할 때
바로 그 역경을 통해 은혜가 더해지고
사탄의 흉계가 좌절된단다."

•••

"사랑하는 예수님,

마음속 깊이 온 마음을 다해 주님을 신뢰하고픈 열망이 있지만 쉽지가 않습니다. 하지만 제게 닥친 역경을 은혜의 선물로 받아들이도록 조금씩 변하고 있습니다. 어떤 날은 이 모든 곤경에서 해방되고 싶다가도 어떤 날은 난관을 축복으로 받아들이기도 합니다. 이 역경을 통해 제가 더욱 하나님을 신뢰하도록 저를 도와주세요."

나의 사랑하는 자야,

  고난은 네가 영원의 관점을 갖도록 돕는단다. 만일 이 땅에서의 삶이 전부라면, 역경에서 도망쳐 즐거운 삶을 추구하는 편이 합리적일 거야. 그러나 이 땅에서의 고난은 천국에서 너를 기다리는 영광에 비하면 아무것도 아니야. 나를 신뢰하는 법을 배운다면 더 큰 시야로 너의 삶을 바라보게 될 거야. 역경을 복으로 받아들인다는 건 네가 진정 나에 대한 신뢰를 배우고 있다는 뜻이란다. 고난의 한복판에서 선한 결과를 기대할 때 너는 내게 깊은 신뢰를 보여 주는 것이지.

  악한 영이 비난의 화살로 끊임없이 너를 공격한다는 사실을 기억하렴. 네 믿음의 방패를 잘 사용한다면, 그 불화살의 공격을 무력화할 수 있어. 설사 그 화살 중 몇 개가 네게 상처를 입힌다 해도 절망하지 말거라. 나는 치유의 하나님이란다. 나의 사랑이 너의 상처를 치료하고 네가 나를 더욱 신뢰하게 할 거야. 상처를 입었을 때 내게 더 가까이 와서 나의 가르침에 집중하렴. 그럴 때 너의 믿음이 견고해지고, 평안의 주인 나의 은혜와 나를 아는 지식에서 자라갈 거야.

❖❖❖

당신들은 나를 해하려 하였으나 하나님은 그것을 선으로 바꾸사 오늘과 같이 많은 백성의 생명을 구원하게 하시려 하셨나니 _창 50:20

◆ 함께 묵상하면 좋아요　엡 6:16, 벧후 3:18

44

"인내, 신뢰, 소망은 복잡하게 엮여 있단다.
사슬 모양으로 강하게 꼬인 금실가닥과 같지.
그중에서도 신뢰가 중심 가닥이란다.
내가 신뢰를 가장 기대하기 때문이야."

...

"사랑하는 예수님,
 저는 항상 기다리기만 하는 듯합니다. 제게 인내는 너무 힘든 일입니다. 일이 이루어지는 때를 기다리기보다 저의 힘으로 무언가 일어나게끔 하기를 선호합니다. 소망도 마찬가지입니다. 제가 통제할 수 없는 미래의 일을 바라는 것이니까요. 하지만 제가 진실로 주님을 적극적으로 신뢰할 때, 주님과의 긴밀한 관계에서 인내와 소망이 자연스럽게 흘러나오는 것을 경험합니다."

나의 사랑하는 자야,

 나를 신뢰하는 것은 매우 중요하단다. 신뢰가 있을 때 인내와 소망이 의미가 있지. 나를 신뢰하지 못한다면 나와의 교제는 금방 악화되고 말아. 그래서 성경에 나를 신뢰하라는 명령이 그렇게 많은 거란다. 네가 나를 확실히 믿을 때 긍정적인 소망을 품고 인내할 능력이 주어지지. 나를 섬기는 것은 사실 약속과 복이 가득한 큰 특권이야. 왕의 시중을 드는 일은 왕 가까이에서 일하기 때문에 높은 직급으로 여겨지지 않니? 죄인이며 유한한 사람인 왕을 섬기는 일도 그런데 하물며 영원의 왕, 불멸의 왕, 눈으로 볼 수 없는 유일한 하나님인 나를 섬기는 특권은 얼마나 귀하겠니?

 소망은 네게 약속된 천국의 유산과 너를 연결해 주기 때문에 즐거운 일이 될 수 있어. 소망은 깨어짐이 가득한 이 땅에서 씨름하는 너를 도와서 바위같이 견고한 기반을 제공하지. 소망은 또한 너와 나를 연결해 준단다. 내가 소망의 하나님이기 때문이야. 나는 십자가 죽음으로, 네가 천국 가족이 되어 나와 함께 영원히 살 길을 열었단다.

❖❖❖

백성들아 시시로 그를 의지하고 그의 앞에 마음을 토하라 하나님은 우리의 피난처시로다(셀라) _시 62:8

◆ 함께 묵상하면 좋아요　딤전 1:17, 롬 15:13

45

"너의 영혼이 지치고 피곤할 때,
모든 일이 잘못되는 듯할 때
너는 여전히 이렇게 고백할 수 있단다.
'저는 주님을 신뢰합니다.'
그러면 문제가 나의 통제권으로 넘어오고,
나의 영원한 팔에 안겨 안정감을 얻을 거야."

•••

"사랑하는 예수님,
 어떻게든 저의 힘으로 해결하려고 안간힘을 쓰는 대신, 일의 통제권을 주님께 넘기기란 제게 너무 힘든 일입니다. 이것은 궁극적으로 신뢰의 문제인 것을 압니다. 주님이 어떤 분이신지 알고, 제가 어떤 존재인지도 알기에 주님이 아닌 저 자신을 신뢰하는 일이 얼마나 어리석은지 잘 알고 있습니다.

 제 영혼의 깊은 곳에는 세상의 어떤 사람이나 어떤 존재를 신뢰하는 것보다 더 깊은, 주님을 향한 신뢰가 있습니다. 하지만 저는 대부분 믿음보다는 눈에 보이는 것을 의지하고는 합니다. 저의 믿음 없음을 도와주세요!"

나의 사랑하는 자야,

네 마음의 이런 외침이 내가 간절하게 응답하기 원하는 기도란다. 네 영혼의 깊은 곳에 진실로 나를 신뢰함이 있구나. 나를 신뢰하려는 너의 영혼과 무엇이든 통제하려는 너의 성향 사이에 있는 불일치를 깨닫다니 기쁘다. 피상적인 삶을 살 때는 자신의 생각을 인식하지 못한단다. 결국 습관적으로 대처했던 반응을 답습하게 되지. 이런 정신적 게으름 속에서는 나의 음성을 들을 수 없어.

네가 어떤 상황에 처했는지 인식하게 되면 바로 내게 이야기하렴. 너의 감정이 어떻든 "예수님, 저는 주님을 신뢰합니다"라고 고백하렴. 의식적으로 너의 염려를 나의 보살핌, 나의 지배권 아래에 넘기거라. 그리고 내가 너와 너의 모든 염려를 돌본다는 진리에 근거해 안식하렴. 네가 나를 신뢰하며 나의 임재 가운데 안식할 때, 너의 마음이 깊은 신뢰를 품은 영혼과 연결된단다. 나의 영원한 팔에 안겨 쉬면서 회복을 누리렴.

❖❖❖

영원하신 하나님이 네 처소가 되시니 그의 영원하신 팔이 네 아래에 있도다 그가 네 앞에서 대적을 쫓으시며 멸하라 하시도다 _신 33:27

◆ **함께 묵상하면 좋아요** 막 9:24, 시 37:5-6

46

"나의 빛은 어둠 속에서
나를 신뢰하는 자들을 통해 가장 밝게 빛난단다.
이런 신뢰는 초자연적인 거란다.
성령님이 안에 거하신다는 뜻이야."

•••

"사랑하는 예수님,
 주님과 함께 그 빛 가운데 걷고 싶습니다. 저는 빛을 갈망하는 존재입니다. 태양빛을 좋아하고, 심지어는 인위적인 빛에도 끌립니다. 하지만 특별히 주님의 거룩한 임재의 빛을 사모합니다. 제 안에 주님의 빛이 충만할 때는 주님을 신뢰하기가 쉽습니다. 그러나 어둠 속에서 주님을 신뢰하는 일은 전적으로 다른 문제입니다. 저의 인생을 걸고 절실하게 주님께 매달립니다."

나의 사랑하는 자야,

은혜 가운데 자라는 일은 모두 나를 신뢰하는 문제와 연관되어 있단다. 언제나 너의 모든 환경을 통치하는 주인인 나는 좋은 날이든 나쁜 날이든 네 삶의 모든 영역에 관여하기 원해. 나와 연결되는 가장 좋은 방법은 지금 여기, 네가 처한 그 상황에서 나를 신뢰하는 거야. 너의 삶이 캄캄해 보여도 나를 신뢰하렴. 나의 빛이 너를 통해 환하게 빛날 거야. 너는 인식하지 못해도 너를 통해 많은 사람들이 나의 빛을 볼 거야. 나의 초자연적인 빛이 너를 통해 비추일 때 주변 사람들이 힘과 복을 얻을 거야.

어둠 가운데 내게 매달리는 일은 너의 모든 의지를 필요로 하는 듯 느껴지지. 너의 의지도 분명 중요하지만 그게 다는 아니란다. 나의 손이 영원히 너를 붙잡고 있어. 나는 결코 너를 놓지 않을 거야! 그리고 너의 안에 거하는 나의 영이 계속해서 네가 나를 신뢰하도록 힘을 줄 거야. 이제는 포기할 수밖에 없다고 느낄 때, 이렇게 도움을 구하렴. "성령님, 저를 도와주세요!" 이 짧은 기도가 내 영의 광대한 능력을 네가 이용하게 한단다. 어둠밖에 보이지 않을 때에도 놀랍도록 장엄한 나의 빛이 너를 통해 빛난다는 사실을 기억하고 용기를 내렴!

❖❖❖

백성들아 시시로 그를 의지하고 그의 앞에 마음을 토하라 하나님은 우리의 피난처시로다 (셀라) _시 62:8

◆ **함께 묵상하면 좋아요** 요일 1:7, 시 139:10

47

"신뢰는 가파른 언덕을 오를 때
의지하는 지팡이와 같단다.
네가 계속해서 나를 신뢰하면
그 지팡이가 너를 넉넉히 지탱해 줄 거야."

•••

"사랑하는 예수님,
 저의 인생은 편한 내리막길보다 가파른 언덕길이 더 많은 것 같아 이 말씀이 위안이 됩니다. 제가 넉넉히 기댈 지팡이가 있다니 정말 좋습니다. 바로 신뢰라는 지팡이 말입니다. 사실 저는 어려운 일을 겪을 때, 주님을 신뢰하는 대신 다른 대상에 의지하려는 경향이 있습니다. 하지만 무엇도 온전히 저를 지탱하기에는 충분하지 않았습니다. 그런 불충분한 방법을 떠나 주님을 신뢰하도록 저를 도와주세요."

나의 사랑하는 자야,

 그런 불충분한 방법을 멀리하기 원한다니 다행이구나. 그 방법들은 네게 실망감을 줄 뿐 아니라 우상이 될 수 있어. 나를 신뢰함으로 내게 돌아오고자 하는 너의 모습이 나를 기쁘게 하는구나. 신뢰의 지팡이가 너를 충분히 지지하기 원한다면 나를 일관되게 의지하렴. 곤경의 끝에 다다르기까지 기다리지 말거라! 거대한 문제의 파도가 너를 삼키기 전에 내게로 돌아서렴!

 너의 인생이 내리막 경사라기보다 가파른 오르막이라고 했지. 그래야만 한다! 네가 가는 길은 결국 천국으로 향하기 때문이야. 길을 따라 많은 오르막과 내리막이 펼쳐지겠지만 전체적으로 그 길은 위로 향하는 경사란다. 나와 얼굴을 마주하고 사는 영원한 삶을 위해 나는 너를 변화시키는 중이야. 이처럼 높은 목표를 향한 모험에서 쉬운 일을 기대하지 말거라. 대신 천국에 가기까지 너를 지탱해 줄 나를 기대하렴. 온 마음과 뜻을 다해 기대어 신뢰하고, 내게 확신을 가지렴!

❖❖❖

제자들의 마음을 굳게 하여 이 믿음에 머물러 있으라 권하고 또 우리가 하나님의 나라에 들어가려면 많은 환난을 겪어야 할 것이라 하고
_행 14:22

◆ 함께 묵상하면 좋아요 잠 3:5, 시 32:6

"나의 뜻을 두려워하지 말거라.
나의 뜻은 네게 최선의 것을 이룬단다.
크게 숨을 들이쉬고 나를 향한
절대적인 신뢰의 깊이로 뛰어들렴."

◆◆◆

"사랑하는 예수님,

 주님의 뜻이 이루어지기를 자주 기도하지만, 이 기도가 어떤 결과를 가져올지 두렵기도 합니다. 주님의 뜻은 때로 고통을 수반하기 때문입니다. 저는 육체적으로, 감정적으로, 또는 영적으로 고통 받을 때 그 고통을 줄이거나 회피할 방법을 찾습니다. 이렇게 문제를 해결하고자 집착하는 동안 그것이 쉽게 제 중심이 됩니다. 주님의 방법이 완벽함을 제가 진실로 믿을 수 있도록 도와주세요."

◆ 함께 묵상하면 좋아요   삼하 22:31, 고후 5:7

나의 사랑하는 자야,

  참 선한 소원이지만 그 응답은 쉽지 않단다. 고통을 최소화하려는 바람은 당연해. 그러나 당연한 반응이 늘 최선은 아니야. 나의 뜻은 너의 이해보다 훨씬 깊단다. 나의 방법에는 희생과 고통이 따를 수 있지만, 그것을 통해 나는 네게 그저 좋은 것이 아니라 가장 좋은 것을 이룰 거야.

  삶의 표면 아래, 너의 인식을 완전히 넘어서는 그곳에는 무수히 많은 사람과 사건의 상관관계가 존재해. 네게는 무의미해 보이는 일들이 전체를 볼 때는 의미가 꼭 들어맞지. 나는 나를 따르는 자들을 격려하고 굳세게 하려고 큰 그림을 살짝 보여 줄 때가 있어. 하지만 보통은 보이는 대로가 아닌 믿음으로 살기를 바란단다. 간혹 너무 깊어서 바닥이 보이지 않는 시커먼 물속으로 뛰어드는 것처럼 두려울 때도 있을 거야. 저 깊은 물속으로 너의 두려움을 던지려면 나를 향한 완전한 신뢰가 필요하지. 하지만 일단 뛰어들고 나면 부력을 지닌 네 몸이 점차 물 위로 떠오를 거야. 너는 지칠 때까지 헤엄치다가 더 이상 팔다리를 움직일 수 없어서 가라앉기 시작하겠지. 너의 머리가 막 물에 잠기려는 순간, 무언가 단단한 것에 발이 닿는 거야! 너의 발을 떠받치는 나의 손에 말이야. 나는 너의 피난처와 안식처란다. 나의 영원한 팔이 네 아래에 있어.

                ···

영원하신 하나님이 네 처소가 되시니 그의 영원하신 팔이 네 아래에 있도다 _신 33:27

49

"네가 받은 모든 복을 음미하고
아이처럼 기뻐하며 하루를 살아갈 때
너의 목자인 나에 대한 신뢰를
선포하는 거란다."

◆◆◆

"사랑하는 예수님,
 저는 주님이 주신 모든 복을 음미하며 아이처럼 기뻐하면서 하루를 살고 싶습니다. 그런데 저는 좀처럼 그렇게 근심 걱정 없이 쾌활하지 못합니다. 오, 주님. 물론 저는 주님 안에서 그리고 주님과 함께 기뻐하는 순간도 있습니다. 제 삶에 간간히 존재하는 그 밝은 순간들이 더 많아지기를 열망합니다."

◆ 함께 묵상하면 좋아요 요 10:14-15, 사 54:10

<u>나의 사랑하는 자야,</u>

참 선한 바람이지만, 자기 훈련이나 노력을 더 많이 해서 이룰 수 있는 일은 아니란다. 나의 안에서 아이와 같이 기뻐하며 즐거워하는 능력은 나와의 관계에서 흘러나오지. 결국 이것은 네가 나를 너의 목자로 생각하는지에 달렸어. 나는 전적으로 너를 보살피며 너를 돌보는 목자란다. 나는 무한하기에 네가 내게 있는 오직 한 마리의 양인 것처럼 돌볼 수 있어. 내가 선한 목자라는 것을 기억하렴. 위험이 닥쳐도 나는 결코 너를 포기하지 않아. 너를 위해 나의 생명을 포기하기까지 너를 책임질 거야. 아버지가 나를 알고 내가 아버지를 알았던 것처럼 선한 목자인 나는 나의 양을 알고 나의 양은 나를 안단다. 푸른 초장에 누워 쉴 때 이 경이로운 진리를 곱씹어 보렴.

근심 걱정 없는 기쁨을 가지고 하루를 살려면 아이와 같은 확신을 가지고 나의 사랑을 신뢰해야 해. 산이 흔들리고 언덕이 옮겨져도 너를 향한 나의 변함없는 사랑은 흔들리지 않을 거야. 이 다함없는 사랑을 더욱 신뢰할수록 너는 나의 임재를 더욱 누릴 수 있단다. 나와 함께하는 여정에서 나를 신뢰로 바라보렴. 이 기쁨을 맛볼 때, 그 찬란한 순간들이 내 임재의 빛 속에서 더욱 커질 거야.

...

여호와는 나의 목자시니 내게 부족함이 없으리로다 그가 나를 푸른 풀밭에 누이시며 쉴 만한 물 가로 인도하시는도다 _시 23:1-2

50

"염려로 가득한 생각이
너의 머릿속을 이리저리 떠돌아다녀도
나를 신뢰하면
즉시 나의 임재를 경험하게 된단다."

•••

"사랑하는 예수님,

저의 생각은 매우 두서가 없고 여러 가지 생각의 파편들이 서로 얽혀 있습니다. 특히 불안할 때는 '제대로 생각하기' 위해 많은 노력이 필요합니다. 때로 지칠 때는 '주님을 신뢰합니다.'라고 외치거나 속삭여 고백합니다. 이 고백이 저를 진정시키고 좀 더 명확하게 판단하도록 도와줍니다."

◆ 함께 묵상하면 좋아요 시 56:3, 렘 29:12, 시 46:1

나의 사랑하는 자야,

 스스로를 진정시키는 탁월한 방법을 찾았구나. 그 짧은 고백은 너의 중심을 염려로부터 내게로, 나의 무한한 자원으로 옮겨 놓는단다. 확신에 가득 찬 신뢰는 내가 너를 돌본다는 사실을 기억하도록 돕고 너를 내게 더욱 가까이 이끌 거야. 나와 대면하여 교제할 때 너의 모든 염려를 솔직하게 드러내렴. 내 임재의 강력한 빛 속에서 직시하는 것만으로도 많은 염려가 순간 증발해서 사라질 거야. 여전히 남아있는 염려도 있겠지만 그 문제에 대한 걱정이 크게 약화된단다. 이 문제들을 네가 해결할 수 있도록 내가 돕는다는 사실을 신뢰하렴. 그럼 용기와 소망을 얻을 거야.

 내가 너의 피난처인 것을 기억하거라. 나는 너의 흔들림 없는 요새야. 너의 마음을 쏟아내어 너의 신뢰를 표현하렴. 네 안에서 솟아나는 모든 감정을 표현하거라. 나는 언제나 너의 도움이란다. 좋을 때나 나쁠 때나 언제나 함께할게. 너의 영혼은 오직 내 안에서만 쉼을 찾을 수 있단다.

❖❖❖

나의 영혼아 잠잠히 하나님만 바라라 무릇 나의 소망이 그로부터 나오는도다 오직 그만이 나의 반석이시요 나의 구원이시요 나의 요새이시니 내가 흔들리지 아니하리로다 나의 구원과 영광이 하나님께 있음이여 내 힘의 반석과 피난처도 하나님께 있도다 백성들아 시시로 그를 의지하고 그의 앞에 마음을 토하라 하나님은 우리의 피난처시로다 (셀라) _시 62:5-8

3장

자신의 연약함과 한계를 느낄 때

너의 약점을 두려워하지 말거라.
나의 힘과 영광이 가장 멋지게 발휘되는 무대이니 말이야.

내 은혜가 네게 족하도다 이는 내 능력이 약한 데서 온전하여짐이라 하신지라 그러므로 도리어 크게 기뻐함으로 나의 여러 약한 것들에 대하여 자랑하리니 이는 그리스도의 능력이 내게 머물게 하려 함이라 _고후 12:9

___ 21 ___

"너의 약점을 두려워하지 말거라.
나의 힘과 영광이 가장 멋지게
발휘되는 무대이니 말이야."

...

"사랑하는 예수님,
 주님의 힘과 영광이 드러나는 데 쓰임받기 원합니다. 하지만 저는 자신이 잘 준비된 무대라기보다는 여기저기 깨지고 완성도 되지 않은 단상처럼 느껴집니다. 못질조차 제대로 되지 않은 무대 같은 저는, 주님이 일하시기에 충분히 안정적인 무대가 아닐지도 모릅니다."

나의 사랑하는 자야.

아무리 깔끔하게 닦여 반짝인다 해도 너는 나의 거룩한 빛을 온전히 드러낼 수 없단다. 그러나 나는 너의 불완전함에도 불구하고 나의 영광을 드러내도록 너를 선택했지. 더 나아가 너의 약함은 나의 능력을 나타낼 이상적인 무대라는 사실을 알았으면 좋겠구나.

우리가 함께할 이 공연에서 네가 맡은 역할은 자신을 향하는 시선을 거두고 경이로운 영광 가운데 있는 나를 바라보는 거야. 자신의 무가치함을 잊고 나의 영광스러운 존재 안에서 기뻐하렴. 너를 위해 내가 행하는 놀라운 일들을 바라보렴.

・・・

나에게 이르시기를 내 은혜가 네게 족하도다 이는 내 능력이 약한 데서 온전하여짐이라 하신지라 그러므로 도리어 크게 기뻐함으로 나의 여러 약한 것들에 대하여 자랑하리니 이는 그리스도의 능력이 내게 머물게 하려 함이라 _고후 12:9

◆ 함께 묵상하면 좋아요　고전 1:26-29, 시 37:4

22

*"나의 능력은
나를 필요로 하는 약한 자들에게
가장 막힘없이 흘러든단다."*

◆◆◆

"사랑하는 예수님,
 저는 지금까지 비틀거리며 인생길을 걸어왔습니다. 그저 한 걸음을 더 내딛는 것조차 시험거리가 되는 날들이 많습니다. 이런 날은 제가 주님이 얼마나 필요한지 쉽게 인식할 수 있습니다. 주님이 저와 함께하심을 몰랐다면 저는 정말 낙심했을 겁니다. 하지만 끊임없는 저의 연약함에 낙담할 때도 있습니다. 주님을 의지하는 것이 복임을 알지만 때로 저의 약함에 갇힌 듯한 느낌이 듭니다."

◆ 함께 묵상하면 좋아요 유 1:24-25, 빌 4:7

나의 사랑하는 자야

 네가 나를 필요로 할 때 너는 나의 임재 안으로 강하게 이끌린단다. 나의 능력은 끊임없이 네게로 흘러서 네가 다음 걸음을 뗄 수 있도록 힘을 줄 거야. 낙심에 저항할 힘을, 나를 친밀히 의존하며 알아갈 힘을 말이야. 오직 나의 능력만이 네게 그 힘을 주고 네가 약함 가운데 풍성하게 살아가게 한단다. 나를 의지하며 하루하루 인내하는 일이란 기적과도 같은 초자연적인 일이야.

 너는 나의 사랑하는 자녀야. 나는 네게 복을 주기로 선택했어. 그러나 나의 복은 너의 필요뿐 아니라 너를 향한 나의 계획에 들어맞는 유일무이한 방식으로 부어진단다. 네가 처한 어려움은 너의 믿음이 부족하다는 뜻도 아니고, 복을 받지 못했다는 뜻도 아니야. 그 어려움은 내가 너를 위해 선택한 길을 네가 벗어나지 않도록 하는 수단이란다. 너의 앞에 펼쳐진 길이 경사가 급하고, 바위투성이일 수도 있지만 분명히 생명의 길이야. 나의 빛나는 임재를 마주하는 길이며, 너의 약함을 초월해 눈부시게 빛나는 평화를 마주하는 길이란다.

 ...

비록 무화과나무가 무성하지 못하며 포도나무에 열매가 없으며 감람나무에 소출이 없으며 밭에 먹을 것이 없으며 우리에 양이 없으며 외양간에 소가 없을지라도 나는 여호와로 말미암아 즐거워하며 나의 구원의 하나님으로 말미암아 기뻐하리로다 주 여호와는 나의 힘이시라 나의 발을 사슴과 같게 하사 나를 나의 높은 곳으로 다니게 하시리로다 _ 합 3:17-19

23

"내게 속한 자에게는 결코 정죄함이 없어.
내 안에 있는 생명의 성령의 법이
죄와 사망의 법에서 너를 해방했단다."

•••

"사랑하는 예수님,
 저의 죄 때문에 주님이 십자가에서 죽으셔서 저를 정죄함에서 해방하신 것을 믿습니다. 하지만 저는 여전히 정죄 당하는 느낌과 싸웁니다. 어떤 때는 명백한 이유도 없이 그렇습니다. 주님이 가능케 하신 완전한 자유를 경험하기 원합니다. 성령님의 도움이 필요한 것을 알지만 어떻게 해야 그 도움을 받을 수 있는지 모르겠습니다."

나의 사랑하는 자야,

정죄받는 느낌에서 자유로워지도록 나의 도움을 구하렴. 너의 그런 느낌은 진실이 아니라는 것을 인식하고 믿음의 눈으로 나를 보거라. 너를 인정하는 나의 천상의 미소에서 기쁨을 발견하렴. 나의 임재에 집중하며 나와 교제할수록 나의 사랑을 더욱 확실히 누리게 된단다. 정죄받는 느낌을 떨쳐내는 최고의 해독제는 너를 향한 나의 사랑을 경험하는 거야.

또 복음의 진리를 묵상하며 그런 감정에 대항할 수 있단다. 사탄은 거짓의 아비로, 속임수에 탁월하지. 지옥을 가져오는 사탄의 거짓에 성경의 진리로 무장해서 싸우렴. 끝으로 나의 영은 생명의 영임을 기억하거라. 정죄받는 느낌은 네게서 힘을 빼앗고 너를 연약함에서 벗어나지 못하게 한단다.

❖❖❖

그러므로 이제 그리스도 예수 안에 있는 자에게는 결코 정죄함이 없나니 이는 그리스도 예수 안에 있는 생명의 성령의 법이 죄와 사망의 법에서 너를 해방하였음이라 _롬 8:1-2

◆ 함께 묵상하면 좋아요   시 42:8, 요 8:44, 요 10:10

24

"네가 나와 가까이 동행한다면
무엇도 헛되지 않단다.
심지어 너의 실수까지도
나의 변화시키는 은혜를 통해
선하게 쓰일 수 있지."

•••

"사랑하는 예수님,

저의 실수까지도 주님의 나라에서 선하게 사용되기를 간절히 원합니다. 사실 저는 실수하는 것이 죽기보다 싫습니다! 이런 사고방식 때문에 저는 일을 망쳤을 때 제 자신을 혐오하게 됩니다. 그럴 때 저의 마음을 흘러가는 대로 두면, '그때 내가 다르게 행동했거나 다른 선택을 했으면 어땠을까?' 하며 가상의 현실을 상상하는 데 빠져듭니다. 저는 주님의 변화시키는 은혜가 강하게 필요합니다!"

나의 사랑하는 자야,

너 자신을 받아들이는 최고의 전략은 내 가까이에 거하는 거란다. 네가 실수했을 때도 마찬가지야. 내 곁에 있으면 나의 시각으로 상황을 볼 수 있지. 너는 스스로를 좀처럼 실수하지 않는 완벽에 가까운 사람으로 보고 싶어 하는구나. 하지만 나의 관점은 다르단다. 나는 너를 서툴고 방황하기 쉬운, 나의 사랑하는 자녀로 본단다. 그런데 너의 약함과 방황은 너를 향한 나의 변함없는 사랑을 조금도 줄일 수 없어. 뿐만 아니라 나의 무한한 지혜는 너의 실수라는 투박한 색실로 아름다운 카펫을 뜨지.

너 자신뿐 아니라 너의 선택도 받아들이렴. 다른 길을 택했더라면 어떻게 달라졌을까 상상하며 환상을 키우는 것은 시간을 낭비하는 덫이야. 그런 비현실적인 환상을 탐닉하는 동시에 나와 가까이 동행하기란 불가능하단다. 그럴수록 내게서 더 멀리 방황하게 될 거야. 이런 공상이 피어나기 시작하면 등을 돌려 내게로 달려오렴. 따로 나와 대화하며 내 안에서 안식하렴. 나의 변화시키는 은혜 안에서 너의 완벽주의 기질은 사라질 거야.

・・・

우리는 그리스도 안에서 그의 은혜의 풍성함을 따라 그의 피로 말미암아 속량 곧 죄 사함을 받았느니라 이는 그가 모든 지혜와 총명을 우리에게 넘치게 하사 _엡 1:7-8

◆ 함께 묵상하면 좋아요　시 103:13-14, 시 119:76

25

"네가 나와 긴밀하게 교제하며 살아갈 때
나의 임재의 빛이 너를 통해
다른 사람에게 축복으로 흘러간다.
너의 약함과 상처가 바로
나의 영광을 아는 지식의 빛이 비추는 통로야."

◆◆◆

"사랑하는 예수님,
주님은 모든 것에 완전히 완벽하신 분입니다! 그런 주님이 저와 친밀하게 교제하기 원하신다니 참 경이롭습니다. 제가 얼마나 결점투성이인지 잘 아시는 주님께서 말이지요. 좀 더 그럴싸한 모습을 예수님께 보여 드리고 싶지만, 주님께는 가식적인 행동이 통하지 않는다는 사실을 압니다. 그러기에 있는 모습 그대로 주님 앞에 나아옵니다. 약하고 상처 입은 모습 그대로 나아옵니다."

나의 사랑하는 자야,

너의 정직함과 약함은 너를 내게 더 가까이 이끈단다. 네 위에 쏟아지는 나의 임재의 빛, 네 안에 가득 차오르는 나의 임재의 빛을 느끼렴. 네 존재를 나의 치료의 빛에 깊이 잠기게 하렴. 나는 네가 복 받기를 원하며 또 사람들에게 복의 근원이 되기 원한단다. 너를 가장 괴롭히는 그것, 바로 너의 약함과 상처는 다른 사람들을 돕기 위해 내가 사용하는 가장 큰 도구야.

나는 내 얼굴에 드러난 영광을 아는 지식의 빛을 네 마음에 비추어 왔단다. 그 빛과 영광은 네 안을 채우고도 넘치지! 너의 약함과 상처는 이 빛이 너로부터 다른 사람에게로 흘러가는 통로야. 초라하고 아픈 너의 일부를 내놓을 때 너는 다른 사람들에게 복을 흘려보내게 돼. 나의 빛이 너를 통해 그들의 삶을 비추기 때문이야. 그렇게 내게 올려진 너의 약함과 상처는 나의 나라의 보물이 된단다.

❖❖❖

어두운 데에 빛이 비치라 말씀하셨던 그 하나님께서 예수 그리스도의 얼굴에 있는 하나님의 영광을 아는 빛을 우리 마음에 비추셨느니라 우리가 이 보배를 질그릇에 가졌으니 이는 심히 큰 능력은 하나님께 있고 우리에게 있지 아니함을 알게 하려 함이라 _고후 4:6-7

◆ 함께 묵상하면 좋아요   시 89:15, 고후 4:8-9

26

"내가 필요하다는 사실을 아는 것이
너의 가장 큰 능력이란다.
너의 결핍은 너를 내게로 이끌어줄 거야."

•••

"사랑하는 예수님,

저는 무언가가 부족한 상황을 선호하지는 않습니다. 하지만 주님께 의식적으로 의지할 때 경험하는 친밀감을 기뻐하는 것도 사실입니다. 저의 결핍은 적절히 다루어져야 합니다. 그렇지 않으면 저는 처한 상황에 불안해하거나 심지어 화를 내기도 합니다. 결핍으로 인해 주님을 의존하게 되는 일을 선물로 받아들이도록 도와주세요."

나의 사랑하는 자야,

 나는 너의 모든 생각을 잘 읽을 수 있단다. 네가 무언가 부족한 상황에서 벗어나는 공상을 하느라 얼마나 많은 시간을 낭비하는지 알고 있어. 그런데 더 나은 해결책이 있단다. 삶의 문제에서 어떻게 하면 도망칠 수 있을지 고민하지 말고, 그 문제들을 내게로 가까이 나아오는 수단으로 사용하렴. 나의 길이 완전함을 기억하고 믿어야 해. 네가 나를 신뢰하도록 나는 네 삶의 모든 것을 사용해 선을 이룰 거야. 나를 더욱 강하게 신뢰하고 싶니? 가장 강력한 방법은 너를 괴롭히는 바로 그 문제들로 인해 내게 감사하는 거란다. 감사하는 태도는 너의 결핍을 내게서 받은 선물로 받아들이도록 도와주지.

 세상은 성공에 대해 잘못된 생각을 심어 준단다. 대중매체, 심지어 몇몇 교회들조차 건강과 부를 인생의 궁극적인 목표라고 선전해. 그러나 나는 네게 사람들이 좀처럼 추구하지 않는 소박한 선물을 부어 주었어. 바로 결핍과 약함이야. 이 선물을 합당하게 받아 잘 사용하면, 이 땅에서 나의 길이 알려질 거야. 뿐만 아니라 네가 결핍 속에서 나를 바라보면 찬란한 기쁨 가운데 나의 임재로 들어와 나의 얼굴 빛을 보게 된단다.

❖❖❖

하나님의 도는 완전하고 여호와의 말씀은 진실하니 그는 자기에게 피하는 모든 자에게 방패시로다 _삼하 22:31

◆ **함께 묵상하면 좋아요**   시 67:1-2, 시 34:5

27

*"마음이 상할 때 내게로 오렴.
내가 너의 고통을 나눌게.
마음이 기쁠 때도 내게로 오렴.
우리가 기쁨을 나누면
그 기쁨이 더욱 커질 거야."*

•••

"사랑하는 예수님,

제가 처한 상황이 어떠하든 제 모습 이대로 주님께 나올 수 있음에 감사드립니다. 저의 행동을 꾸밀 필요가 없습니다. 주님은 이미 저의 가장 형편없는 모습을 알고 계시니까요. 마음이 상할 때는 저를 정죄하지 않고 이해해 주는 누군가와 함께하고 싶습니다. 기쁜 일이 있을 때는 저보다 더 기뻐할 만큼 저를 아끼는 사람과 함께하고 싶습니다. 주님께 저를 더 많이 드리고 싶습니다. 주님, 저를 도와주세요."

나의 사랑하는 자아,

너는 지금 네 생각보다 더 선한 요청을 하는 거란다. 사람들 대부분은 어떤 모습으로 내 앞에 나올지를 선택하지. 부끄러운 모습은 내게 드러내기를 주저해. 어떤 이들은 외로움, 두려움, 죄의식 같은 고통 속에 사는 데 너무 익숙해져서 이 감정들을 다루도록 도와달라고 요청하지도 않는단다. 아니면 이 감정들과의 싸움에 너무 몰두한 나머지 내가 함께한다는 사실을 잊어버리기도 해.

네게 아픔이 있구나. 나는 그 상처를 치유하기 원해. 너무 오래된 나머지 너의 일부처럼 생각되는 상처가 있니? 너는 미처 인식하지 못하고 가는 곳마다 그 상처를 동반하는구나. 너의 아픔을 내게 주렴. 네게 새로운 자유를 줄게. 그런데 너는 반복되는 특정한 고통에 길들여져서 그 습관을 깨고 쉽사리 자유를 얻지 못하는구나. 치유의 능력을 지닌 나의 임재 속에 거할 때 너는 오래도록 지속되는 자유를 얻을 거야. 훨씬 더 풍성한 기쁨을 누릴 자유를 얻을 거야. 나는 너와 기쁨을 나누며 몇 배는 더 그 기쁨을 커지게 할 거란다.

・・・

내가 고통 중에 여호와께 부르짖었더니 여호와께서 응답하시고 나를 넓은 곳에 세우셨도다 _시 118:5

◆ 함께 묵상하면 좋아요　시 126:3, 롬 8:1

28

"이 세상은 타락했음을 기억하렴.
너는 죄로 물든 비정상적인 세상에 살고 있단다.
네가 불완전한 세상에서 완벽함을 찾는다면
많은 좌절과 실패를 겪게 될 거야."

•••

"사랑하는 예수님,
 이 세상이 타락했다는 것은 알지만 가끔 그 사실을 부정하는 실수를 범합니다. 저는 완벽을 절대 찾을 수 없는 이 세상에서 완벽을 찾는 일에 아직도 몰두합니다. 단순히 일을 해내는 것만으로도 충분한데, 완벽하게 하고자 많은 시간과 에너지를 낭비합니다. 결과적으로 좌절할 뿐 아니라 때로는 좌절의 절친한 친구인 분노에 사로잡힙니다. 오히려 문제를 만들 뿐인 이 행동에서 벗어나도록 저를 도와주세요."

나의 사랑하는 자야,

 완벽을 추구하는 너의 열정은 그 자체로는 나쁘지 않단다. 네가 나를 찾도록 내가 너의 마음에 이 열망을 넣어 두었지. 그런데 너의 마음에는 많은 타락의 결과도 함께 있단다. 그래서 너는 종종 나를 떠나 완벽을 찾으려 하고 결국 좌절과 실패의 길에 들어서게 되는구나. 심지어는 우상의 길로 빠질 때도 있어. 나를 가장 먼저, 최우선으로 찾기를 선택하면 언제나 내게 돌아올 수 있단다. 그러면 내가 네 발을 반석 위에 두어 너의 걸음을 견고하게 할 거야. 너의 입술에 찬양이 넘치게 할게.

 완벽을 추구하는 너의 감정을 억누르려고 애쓰지 말거라. 그 감정은 너를 최고의 목적, 곧 내게로 향하게 하고 또 장차 영원한 본향으로 향하게 하지. 채워지지 않은 너의 열망은 천국에서 너를 기다리는 빛나는 완벽을 바라보게 한단다. 타락한 세상에서 경험하는 좌절은 네가 완벽한 곳, 바로 에덴동산에서 왔음을 일깨워 주고 네가 표현할 수 없이 영광스러운 곳, 바로 천국으로 간다는 것을 알려 준단다!

...

그러나 우리의 시민권은 하늘에 있는지라 거기로부터 구원하는 자 곧 주 예수 그리스도를 기다리노니 그는 만물을 자기에게 복종하게 하실 수 있는 자의 역사로 우리의 낮은 몸을 자기 영광의 몸의 형체와 같이 변하게 하시리라 _ 빌 3:20-21

◆ 함께 묵상하면 좋아요 시 40:2-3, 창 2:8

29

"내 곁에 가까이 사는 것을
가장 기뻐할 때
너의 한계는 자유가 된단다."

•••

"사랑하는 예수님,
 정말 멋진 생각이지만 역설적으로 들리기도 합니다. 자유는 한계가 없는 것인데, 한계가 자유가 된다니요. 한계를 넘으려는 저의 욕구는 하루에도 몇 번씩 한계에 부딪힙니다. 저는 주님 곁에 가까이 살기 원합니다. 그러나 자유도 더 누리고 싶습니다."

◆ 함께 묵상하면 좋아요　시 34:18, 엡 2:6

나의 사랑하는 자야,

  너의 한계를 인정하기가 어렵다는 걸 안다. 하지만 이 한계에서 선한 것들을 얼마나 많이 이끌어낼 수 있는지 아니? 자유가 너무 많아서 어려움을 겪는 사람들도 있어. 지나친 자유는 오히려 무력할 수 있지. 가능성이 너무 많으면 선택을 내리기가 더욱 어렵단다. 내가 정한 너의 한계는 실제로 네가 선택을 내리는 데 명확한 틀을 제공해. 그 한계를 수용할 때 너는 네게 미소 짓는 나를 향해 눈을 들게 될 거야. 그리고 나를 향해 눈을 드는 것만이 유일하게 한계가 없으며, 그것이 너의 삶에 가장 중요한 방향이라는 걸 알게 될 거야.

  때로 한계에 부딪혀 좌로든 우로든, 앞으로든 뒤로든 더 나갈 수 없이 꽉 낀 느낌이 들 때가 있지. 그럴 때 너는 중요한 선택을 마주하게 된단다. 좌절하여 자기연민에 빠질지 아니면 고개를 들어 나를 보며 도움을 구할지. 만일 네가 나를 선택하면 너의 한계는 오히려 날개가 될 거야. 그 날개로 내게 더욱 가까이 날아올 수 있어. 내가 있는 높은 곳을 즐거워하면서 너의 한계가 있는 지상을 내려다보렴. 높은 곳에서 보면 그리 대단해 보이지 않을 거야. 다시 지상에 돌아왔을 때 한계가 너를 둘러막으면 너는 언제든 나를 바라볼 수 있어. 내게 더욱 가까이 오기를 네가 가장 열망할 때 한계는 너를 진정 해방시킨단다.

                              ...

  주는 영이시니 주의 영이 계신 곳에는 자유가 있느니라 _고후 3:17

30

"내게 바쳐진 인간의 연약함은
자석과 같아서
나의 능력을 너의 약점으로 끌어당긴단다."

•••

"사랑하는 예수님,
 정말 기쁜 소식입니다! 저는 주님께 가지고 나갈 약점이 많습니다. 저의 강점보다 약점이 주님께 더 유익하다는 것을 한동안 의심했습니다. 저의 전부를 주님께 드리고 싶습니다. 그 방법을 가르쳐 주세요."

나의 사랑하는 자야,

참 용기 있는 간구로구나. 너를 내게 바친다는 것은, 나를 섬기고 예배하기 위해 너를 포기하는 거란다. 네 삶의 모든 통제권을 내게 넘기렴. 너의 약점을 거룩하게 구별하여 내게 바치는 것은, 나의 영광과 목적을 위해 너의 약함을 사용하도록 나를 초대하는 거야. 너의 입장에서 보면 너의 취약함을 노출하는 일이지. 자신의 약점을 기꺼이 온 세상에 공개적으로 드러내는 일은 인간의 본성에 반하기에 매일매일 너를 내게 헌신해야 한단다.

내게 너를 바치는 일은 값비싼 대가가 따르지만 그 유익은 대가를 넘어선단다. 나의 목적을 위해 너의 약함을 내려놓을 때 너는 나의 나라의 보물이 될 거야. 내가 전적으로 너를 사용할 때 너의 인생은 절대 낭비되지 않아. 나의 영광을 위해 사용되기 때문이지! 너의 약함을 내가 사용하도록 바치는 일은 내게 드리는 신성한 예배가 된단다. 그리고 나는 거기에 반응해 나의 권능을 네게 나누어 줄 거야. 충만하고 완전한 나의 능력은 너의 약함을 통해 온전히 드러난단다. 너의 약함을 내게 줄 때 나의 힘이 네게 펼쳐져 머물게 될 거야.

✦✦✦

그러므로 형제들아 내가 하나님의 모든 자비하심으로 너희를 권하노니 너희 몸을 하나님이 기뻐하시는 거룩한 산 제물로 드리라 이는 너희가 드릴 영적 예배니라 _롬 12:1

◆ 함께 묵상하면 좋아요   고후 12:9, 레 20:7, 계 4:11

4장

감사드리고 싶지만 공허한 고백만 나올 때

감사는 내가 네 인생의 주인이며 공급자임을 인정하는 거란다.

범사에 감사하라 이것이 그리스도 예수 안에서 너희를 향하신 하나님의 뜻이니라 _살전 5:18

31

> "감사는 내가 네 인생의 주인이며
> 공급자임을 인정하는 거란다.
> 감사함으로 받는 것이
> 하나님의 자녀가 택해야 하는 태도야."

✦✦✦

"사랑하는 예수님,
 어떤 상황에서도 감사드려야 한다는 것은 알지만, 저는 공허한 감사의 고백을 할 때도 있습니다. 마음에 티끌만큼의 감사도 없으면서 감사하다는 말을 내뱉습니다. 모든 일이 잘못되는 듯 보이는 힘겨운 날에는 감사를 고백하기가 더욱 힘이 듭니다."

나의 사랑하는 자야.

나는 네 마음의 생각을 너보다 더 잘 알고 있단다. 네가 감사를 느낄 때와 그렇지 않을 때도 잘 알고 있지. 하지만 네가 감사하고픈 기분이 들지 않을 때조차 너의 마음 깊은 곳에는 감사로 나를 기쁘게 하려는 열망이 있다는 걸 안다.

감사하기 위해 몸부림쳐야만 할 때, 잠시 멈추고 내가 누구인지 기억하렴. 내가 네 삶과 믿음을 지었다는 걸 기억하렴. 너는 숨 쉬는 것을 포함해 모든 면에서 내게 전적으로 의존해야 하는 존재란다. 모든 선한 것이 나로 말미암았지.

힘든 시간을 지나는 중에 내게 감사할 때 너는 하나님의 자녀로서 합당한 태도를 보이는 거야. 감사함으로 인내하며 불평하고픈 유혹을 물리친다면 고난 중에 기쁨과 평화라는 놀라운 일을 경험하게 될 거야.

♦♦♦

범사에 감사하라 이것이 그리스도 예수 안에서 너희를 향하신 하나님의 뜻이니라 _살전 5:18

◆ 함께 묵상하면 좋아요 약 1:17, 히 12:28

---- 32 ----

"하루하루를 있는 그대로 받아들이렴.
현재와 다른 환경을 바라느라
시간과 에너지를 낭비하지 말거라.
그보다는 나의 계획과 목적을 신뢰하렴."

•••

"사랑하는 예수님,
저는 환경이 바뀌기만을 바라면서 너무나 많은 시간과 에너지를 낭비합니다. 추운 날씨에는 따뜻해지기를 바랍니다. 날이 더워지면 청량한 가을의 서늘함을 고대합니다. 저의 마음이 이렇습니다.

주어진 환경을 거부하고 제가 원하는 것을 꿈꾸는 식으로 저의 마음은 움직입니다. 이런 제가 얼마나 교만하며 어리석은지 알지만, 가만히 흘러가게 내버려 두면 저의 마음은 그런 식으로 움직입니다. 저에게 허락하신 하루하루를 있는 그대로 감사함으로 받아들이고 싶습니다. 그런데 뜻대로 잘 되지 않습니다."

나의 사랑하는 자야,

너의 생각을 더 통제해야겠다고 느낀 것은 옳은 판단이란다. 인간의 마음은 그 능력이 탁월하지만, 절제되지 않고 반항적인 경향이 있지. 그래서 성령님이 너를 도우실 거야. 네 안에 성령님이 일하시도록 허락하면 그가 너의 생각을 다스리실 거야. 자신을 내려놓고 성령님께 주도권을 넘기는 자는 생명과 평화를 얻게 된단다.

너의 시간과 에너지는 한계가 있어. 오직 나만이 네게 허락된 시간과 에너지가 얼마인지 알지. 매일을 내게서 받은 귀한 선물로 여기렴. 현실과 다른 환경을 꿈꾸기보다 주어진 날로 인해 내게 감사하렴. 네 안에 나의 목적이 완성되기를, 또한 너를 통해 나의 목적이 이루어지기를 기도하렴. 현실이 바뀌기를 꿈꾸는 시간과 에너지로 나를 신뢰하렴. 공상은 사람을 허무하게 하고 불만을 부르지만, 나를 신뢰한다면 내 임재의 기쁨이 너를 이끌 거야. 내게 가까이 올 때 나는 영원한 팔로 너를 품에 안는단다.

•••

육신을 따르는 자는 육신의 일을, 영을 따르는 자는 영의 일을 생각하나니 육신의 생각은 사망이요 영의 생각은 생명과 평안이니라 _롬 8:5-6

◆ 함께 묵상하면 좋아요 롬 8:28, 시 118:24

33

"불평하고 싶은 마음이 들 때면
내게 와서 이야기하렴.
네가 내게 마음을 열면 나의 생각을 네 마음에,
나의 노래를 네 가슴에 불어넣어 줄게."

•••

"사랑하는 예수님,
 저는 자주 불평하고픈 마음이 듭니다. 인정하기는 싫지만 사실 자주 그렇습니다. 바뀌었으면 하는 것이 매우 많습니다. 저의 마음이, 다른 사람들이, 세상이 달라지면 좋겠습니다.

 저의 마음을 그냥 흘러가게 두면, 이 문제들을 하나님께 가지고 나가기보다 혼자 곱씹으며 끌어안고는 합니다. 이렇게 부정적인 생각에 초점을 맞출수록 저의 불평은 더해갑니다. 절제하고 또 절제해서 겨우 입 밖으로 내뱉지는 않더라도 저의 생각은 이미 불평으로 가득합니다. 하나님의 생각을 마음에 담을 수 있도록 도와주세요."

나의 사랑하는 자야,

내게 계속 마음을 털어놓으렴. 그것이 신뢰란다. 나에게 너의 염려를 가져올 수 없을 만큼 낙심되기까지 기다리지 말거라. 우리가 이 문제들을 나눌 때 내게 감사하는 것을 잊지 말거라. 너의 감정과는 상관없이, 내가 네게 귀를 기울이고 너를 돌본다는 사실에 감사할 수 있단다. 또한 내가 죽기까지 너를 사랑한다는 사실에도 감사할 수 있지. 감사는 너의 염려를 이해하는 데 도움이 될 거야. 염려를 가지고 내게 나오렴. 우리가 함께 문제를 나눌 때, 내 얼굴의 빛이 너를 비춘단다. 그 하늘의 빛이 너의 마음에 가득한 안개를 헤치고 나의 관점에서 그 문제들을 볼 수 있도록 너를 도와줄 거야.

나와의 교제는 네게 또 다른 복을 줄 거야. 바로 나의 임재 안에서 참을 수 없는 기쁨을 누리는 복이야. 내가 너의 환경을 바꿀 수도 있고 아닐 수도 있지만, 환경의 변화와 상관없이 내가 너의 가슴에 불어넣은 노래를 발견할 거란다.

❖❖❖

말할 수 없는 그의 은사로 말미암아 하나님께 감사하노라 _고후 9:15

◆ 함께 묵상하면 좋아요 민 6:25, 행 2:28, 시 40:3

34

"내 은혜가 네게 족하단다.
그러나 나의 은혜는
그날그날 네게 주어지지."

✦✦✦

"사랑하는 예수님,
 저는 현재를 사는 법을 정말 배워야 할 것 같아요. 저의 마음은 너무 쉽게 미래에 대한 이런저런 염려로 미끄러집니다. 또 과거에 일어난 일을 곱씹는 데 지나치게 많은 시간을 낭비합니다. 그러는 동안 현재라는 이 순간의 아름다운 축제가 제 앞에 펼쳐지는데도 저는 과거와 미래의 염려로 그 멋진 광경을 알아차리지 못합니다.

 제 안에서 만족을 찾으려는 경향이 문제입니다. 주님의 충만 안에서 주님을 더욱 의지해 안식하도록 도와주세요."

나의 사랑하는 자야,

 현재를 살기 위해서는 나의 은혜가 필요하단다. 은혜란 너를 위한 나의 공급과 관련된 것이지. 그 공급을 받아들이려면 너의 본성을 거슬러야 한단다. 나의 은혜가 네게 족하다고 진정으로 믿니? 그렇다면 불안에서 시작되는 고군분투를 멈추렴. 나의 은혜는 진정 네가 마주하는 모든 상황에 족하단다. 그러나 나의 공급은 매 순간 나를 바라볼 때 받는 것임을 배워야 해.

 너는 매일 나의 도움을 필요로 하는 수많은 상황을 만나지. 나는 매 순간 네가 필요로 하는 도움을 건네고 있어. 네가 할 일은 너의 필요를 인정하고 나의 공급을 받는 거야. 나는 너와 항상 함께하며 너의 모든 필요를 제공한단다. 내일의 필요를 염려하지 말거라. 나의 충만은 그날그날 주어진단다. 오늘 공급되는 은혜는 바로 오늘을 위한 거야.

•••

나의 하나님이 그리스도 예수 안에서 영광 가운데 그 풍성한 대로 너희 모든 쓸 것을 채우시리라 _빌 4:19

◆ **함께 묵상하면 좋아요** 고후 12:9, 시 34:5, 마 6:34

35

"나는 나와 함께하기를 열렬히 기뻐하며
깨어 있는 영혼을 찾는단다!
나는 영원히 내게 영광 돌리고
나를 기뻐하도록 인간을 창조했지.
내가 바로 너의 기쁨이야.
네가 할 일은 나의 가까이에 살며
내게 영광 돌리는 거란다."

❖❖❖

"사랑하는 예수님,
 전적으로 깨어 있는 영혼을 소유하기 원합니다! 주님과 함께하는 기쁨보다 더 큰 만족이 없음을 깨닫습니다. 그러나 저의 영혼은 자주 잠에 빠져 삶이란 복을 당연하게 여기고, 부정적인 생각에 지나치게 사로잡히거나, 세상이 제시하는 좋은 삶의 기준을 받아들이고는 합니다. 저의 영혼이 이런 세속적인 압박과 틀에서 벗어나 주님과 함께 비상하도록 도와주세요."

나의 사랑하는 자야,

 너의 영혼이 깨어 있기를 갈망하는 그 자체가 내게는 기쁨이란다. 나의 많은 자녀가 의무감으로 헌신하고 다른 곳에서 기쁨을 찾고는 하지. 아무리 화려한 세상 기쁨도 내 임재의 기쁨만 못하다는 사실을 모른단다. 물론 이것은 둘 중 하나를 고르는 문제가 아니야. 나를 기뻐할지 아니면 내가 제공하는 많은 좋은 복을 기뻐할지 선택할 필요는 없어. 이건 단순히 우선순위의 문제란다.

 나는 네가 나를 가장 귀하게 여기기 원해. 사실 나를 온전히 기뻐할수록 내가 네게 주는 복을 기뻐하는 능력이 더욱 커진단다. 네가 나를 가장 기뻐할 때 너는 나와의 친밀함을 열망함으로 내게 영광을 돌리는 거야. 무엇도 내가 네게 주는 복을 막을 수 없어. 네가 나를 변함없이 삶의 최우선 순위에 둔다면 내가 준 선물들이 우상이 되지 않을 거야. 내 안에서 기뻐하렴. 그러면 네 마음의 은밀한 열망을 들어줄게.

❖❖❖

또 여호와를 기뻐하라 그가 네 마음의 소원을 네게 이루어 주시리로다
_시 37:4

◆ **함께 묵상하면 좋아요** 대하 16:9, 행 2:28, 약 1:17

36

> "불평은 나의 주권을 무시하는,
> 내가 정말 싫어하는 태도란다.
> 감사는 이 치명적인 죄에서
> 너를 보호하는 안전장치가 될 거야."

...

"사랑하는 예수님,

저는 투덜대며 불평합니다. 일이 제가 바라는 대로 되지 않으면 제일 먼저 불평하고픈 욕구가 생깁니다. 간신히 불평을 입 밖에 내지 않았다 해도 생각은 불평으로 가득합니다. 저는 불평이 주님과 주님의 방법을 반대하는 것인 줄 몰랐습니다. 무심코 늘어놓은 불평이 주님의 주권을 경멸하는 것을 깨닫고 매우 놀랐습니다. 주님, 저를 용서해 주세요!"

나의 사랑하는 지야,

 불평은 아주 흔한 일이지만 동시에 매우 치명적인 죄란다. 이스라엘 백성이 모세에게 불평했을 때 나는 그들을 매우 엄하게 다스렸지. 그들은 미처 몰랐지만 사실은 내게 반기를 든 행동이었어. 그래서 나는 그에 합당하게 다스렸단다. 불평했던 자들 중 스무 살이 넘은 성인은 누구도 약속의 땅에 들어가지 못했지.

 불평의 제물이 되지 않는 최선의 안전망은 감사하는 거야. 감사가 마음을 채울 때 불평하고픈 유혹을 피하게 된단다. 성경은 감사하라는 복합적인 명령으로 장식되어 있는데, 여기에는 선한 목적이 있어. 나는 십자가에서의 고통스러운 죽음으로 영원한 형벌에서 너를 구원했지. 그 사실만으로도 너는 내게 감사할 이유가 충분해. 그런데 나는 네게 추가적인 복을 계속 쏟아붓고 있단다. 그러니 감사하는 마음을 키우려고 노력하렴. 그러면 나의 선물을 더 분명하게 인식할 수 있을 거야. 감사는 또한 너를 내게 더 가까이 이끈단다. 모든 환경 가운에 감사하는 법을 배우면, 네 삶의 비전을 더욱 환히 밝힐 거야.

・・・

범사에 감사하라 이것이 그리스도 예수 안에서 너희를 향하신 하나님의 뜻이니라 _살전 5:18

◆ 함께 묵상하면 좋아요 출 16:8, 민 14:29

37

"주어진 환경을 담대하게 감내하며
내게 감사하는 것이야말로
가장 고귀한 찬양이란다.
오래 인내하는 일은 고통스럽지만
감사로 빛나는 기쁨의 종소리가 되어
땅 위에서 점점 넓게 선한 물결을 일으킬 거야."

◆◆◆

"사랑하는 예수님,
 주님은 제게 이 감사의 훈련을 오랫동안 시키셨습니다. 하지만 제가 고통스러울 때, 그리고 다른 이들이 고통당하는 모습을 볼 때는 주님께 감사하는 일이 여전히 어렵습니다.

 그래도 고통스러운 환경에 대해 감사를 올릴 때가 가끔 있습니다. 처음에는 부자연스럽게 느껴지지만, 감사를 올리면 실제로는 매우 자유로워집니다. 고난 속에서 감사할 때, 쉼을 누리며 주님을 더 가깝게 느낍니다. 제가 처한 환경을 감사하는 마음으로 담대하게 인내할 수 있도록 도와주세요."

나의 사랑하는 자야,

역경에 대해 감사하려면 나의 선함과 자비와 사랑을 깊이 신뢰해야 한단다. 자신의 명철에 의지하는 사람은 이런 깊은 신뢰에 다다를 수 없지. 그래서 어려움에 용감하게 대처하는 것은 모든 상황을 이해하고픈 너의 욕구를 포기하는 것과 관련이 있어.

너는 어려운 상황 속에서 내게 감사할 때 얻는 유익을 경험했지만, 거기에는 네가 알지 못하는 더욱 크고 놀라운 비밀이 있단다! 너의 존재를 뛰어넘어, 하늘에서뿐 아니라 땅 위에서도 누리는 큰 유익이지. 성도가 고통 가운데 나를 신뢰하며 감사할 때 천상에서는 기쁨의 종이 울린단다. 네가 올리는 감사의 제사는 악한 영의 견고한 진을 무력하게 하는 거룩한 능력이 있어. 뿐만 아니라 고난을 끈기 있게 견디는 너의 인내는 이 땅에 있는 내 백성에게 용기를 줄 거야.

◆◆◆

범사에 우리 주 예수 그리스도의 이름으로 항상 아버지 하나님께 감사하며 _엡 5:20

◆ 함께 묵상하면 좋아요 시 107:22, 잠 3:5, 고후 10:3-4

38

"감사하는 태도가 천국의 창을 연단다.
영원을 향해 열린 그 창을 통해
영적인 복이 네게 막힘없이 부어지지."

•••

"사랑하는 예수님,
 천국의 열린 창을 통해 영적인 복이 제게 부어지는 그림을 상상하니 마음에 기쁨이 솟습니다. 주님이 제게 바라시는 것은 오직 감사하는 마음을 갖는 것입니다! 매우 간단한 조건처럼 보이지만 저는 거의 매일 이 시험을 넘지 못하고 넘어집니다. 감사할 줄 모르는 저의 태도를 극복하도록 도와주세요."

나의 사랑하는 자야,

　더 감사하고자 하는 너의 열망이 나를 기쁘게 하는구나. 성경 곳곳에서 반복적으로 감사를 명령한 것은 그것이 너의 행복에 중요하기 때문이야. 또한 나는 너의 창조자, 구원자, 너의 왕이기에 나와의 건강한 관계를 위해서도 감사는 중요하단다. 내게 감사하는 것은 내게 빚진 자임을 인정하는 일이지. 너를 위해 내가 행한 일을 기억하는 일이야. 감사는 더 많은 물을 끌어올리도록 마중물 한 바가지를 펌프에 붓는 것과 같단다. 감사는 네게 부어지는 많은 영적인 복 가운데 하나야. 감사로 나를 '마중'할 때 다른 영적인 복과 함께 더욱 커질 거야.

　기억하렴. 나는 모든 은혜의 하나님이란다. 감사하려고 노력했지만 실패했을 때는 단지 내게 용서를 구하면 돼. 값을 매길 수 없이 소중한 이 선물을 거리낌 없이 받으면서, 내가 치른 대가를 기억하렴. 네게 감사가 더해질 거야. 나를 바라보거라. 그리고 넓게 열린 천국의 창으로 네게 폭포수처럼 쏟아지는 영적인 복을 주목하렴.

❖❖❖

감사함으로 그의 문에 들어가며 찬송함으로 그의 궁정에 들어가서 그에게 감사하며 그의 이름을 송축할지어다 _시 100:4

◆ **함께 묵상하면 좋아요**　엡 1:3, 골 4:2, 슥 9:9

"감사하는 태도의 비밀은
모든 일을 나의 관점에서 보는 거야.
나의 세상은 네게 배움의 교실이란다.
나의 말은 네 발에 등이요 네 길에 빛이지."

◆◆◆

"사랑하는 예수님,
 감사하는 날들이 복된 시간인 것을 저는 경험으로 압니다. 감사하기 쉬운 날이 있습니다. 좋은 일이 일어나거나 아무 문제가 일어나지 않은 날들이 그런 날입니다. 하지만 감사하기가 하늘의 별을 따는 것처럼 불가능해 보일 때도 있습니다. 그럴 때 저의 관점은 높이 들어 올려질 필요가 있습니다. 주님의 눈으로 상황을 보도록 도와주세요."

나의 사랑하는 자야.

　너의 관점을 높이 들어 올리는 데서 나는 기쁨을 얻는단다. 내가 지불해야 할 대가를 알면서도 이 땅에 어린아이의 모습으로 태어나는 모험을 감당한 이유가 바로 여기에 있어. 나의 목적은 눈먼 자들을 보게 하며 갇힌 자를 자유롭게 하고 흑암에 앉은 자를 빛으로 나오게 하는 거야. 감사하는 마음이 들지 않을 때는 너의 눈을 열어 지하 감옥과 같은 어두운 마음에서 나오도록 도와달라고 간구하렴. 더 많이 누려야 마땅하다는 시대의 주장에 대항해야 한단다. 그런 거짓 선전에 대항하는 방법 한 가지는 매일매일 감사거리를 적는 일이지. 그러면 네가 원하지만 얻지 못한 것들보다 네가 받은 복에 초점을 맞출 수 있단다.

　너의 마음을 성경에 흠뻑 적시는 일도 아주 중요해. 성경을 읽고 묵상하고 암송하렴. 이것이 무한히 지혜로운 나의 관점에서 세상을 이해하도록 돕는 방법이란다. 나의 말은 좌우에 날선 어떤 검보다도 예리해. 나는 말씀으로 너의 마음과 생각과 뜻에 영적인 수술을 할 거야. 성경이 너의 관점과 너의 길을 비출 때 내가 너를 감사 없는 감옥에서 자유롭게 할 거야. 감사하는 심령의 기쁨을 누리도록 자유를 줄게.

...

주의 말씀은 내 발에 등이요 내 길에 빛이니이다 _시 119:105

◆ 함께 묵상하면 좋아요　사 42:7, 히 4:12

40

"내가 어디로 인도하든지 기꺼이 따르면서
주어진 오늘을 기뻐하렴.
진심으로 나를 따르고
우리가 함께하는 여정에서 복을 기대하렴."

•••

"사랑하는 예수님,
 주님이 지으시고 제게 값없이 주신 오늘을 감사함으로 받기 원합니다. 눈을 떴을 때 저는 본능적으로 오늘이 얼마나 좋은 날이 될지 혹은 그 반대가 될지를 가늠하려 애씁니다. 이 일은 거의 무의식적으로 이루어집니다. 그리고 날씨처럼 아주 사소한 일이 저의 판단에 근거가 되고는 합니다. 이 습관을 깨뜨려 주님을 그리고 주님이 주시는 복을 온전히 받아들이고 싶습니다."

나의 사랑하는 자야,

나를 더욱 받아들이기 원하는 너의 열망이 기쁘구나. 여기에 도움이 될 만한 것을 이미 언급했단다. 바로 감사하는 태도야. 어두컴컴하고 비오는 날에는 비로 인해 감사하렴. 그럴 수 있다면 날씨를 불평할 일이 사라질 거야. 또 하루의 상황을 내가 모두 조율해 두었음을 기억하렴. 다시 말해 오늘 하루 네가 찾아낼 수 있는 좋은 일들이 많이 있다는 뜻이야. 기뻐하는 태도는 오늘의 복을 찾도록 도와줄 거야.

환경이 절망적으로 보이거든 너의 신실한 동반자인 나로 인해 기뻐하렴. 너를 죄에서 구하기 위해 내가 지불한 값을 안다면, 우리가 가는 길에 소중한 선물이 놓인 것을 신뢰할 수 있지. 믿음 안에서 크든 작든 선한 것을 찾아 나서렴. 나는 너의 교사이기에 우리가 함께 여행할 때 네게 배움의 기회를 제공하기로 약속했어. 하루를 마무리할 때 멈추어 서서 우리가 온 길을 뒤돌아보렴. 배운 교훈을 묵상하고 발견한 선물을 음미할 시간을 따로 구별하렴. 자리에 누워 잠을 청할 때 그 교훈들을 마음에 담고 나를 기뻐하며 나의 복을 즐거워하거라.

・・・

이 날은 여호와께서 정하신 것이라 이 날에 우리가 즐거워하고 기뻐하리로다 _시 118:24

◆ 함께 묵상하면 좋아요 요 13:13, 롬 8:32

6장

춥고 어두운 세상에서 주님의 인도를 구할 때

내가 너의 목자임을 기억하렴.
평안의 길을 걸으려면 전심으로 나를 따라와야 한단다.

내가 너와 함께 있어 네가 어디로 가든지 너를 지키며 너를 이끌어 이 땅으로 돌아오게 할지라 내가 네게 허락한 것을 다 이루기까지 너를 떠나지 아니하리라 _창 28:15

51

"내가 너의 인생을 인도하는 별이야.
내가 너를 어디로 인도하든 기꺼이 따르렴.
나는 너를 평강의 길로 인도하기 위해
위로부터 임하는 돋는 해란다."

•••

"사랑하는 예수님,

저는 평안의 길을 걷기를 사모합니다. 주님이 그 길임을 믿습니다. 주님의 빛이 저를 더욱 비추시기를 구합니다. 춥고 어두운 세상에 사는 저는 주님의 임재의 빛이 계속 필요합니다. 주님의 임재의 빛은 따뜻한 온기를 줄 뿐 아니라 저의 길을 안내합니다. 그 빛을 구합니다. 저를 인도하셔서 평안의 길로 이끌어 주세요."

나의 사랑하는 자야,

  나의 임재는 생명의 빛을 비추며 평안의 길을 찾도록 돕는단다. 나의 말은 너의 지성과 마음을 밝혀 네가 옳은 길에 머물도록 도울 거야. 성경을 읽을 때 너를 인도하는 별을 찾으렴. 나의 영이 평안을 구하는 너의 마음에 말씀을 비춰 주시기를 간구하렴. 성경은 생명의 말씀이란다!

  내가 너의 목자인 것을 기억하렴. 평안의 길을 가려면 전심으로 나를 따라와야 한단다. 나의 인도를 잠시라도 떠나면 위험에 처하게 될 거야. 한동안은 '조금만' 너의 길을 가면서 여전히 나를 볼 수 있겠지. 그러나 곧 시야에서 나를 잃게 된단다. 길을 걷다가 약간 방향을 바꾼 것이 결국 너를 내게서 멀리 데려가고 말 거야. 더 이상 평안의 길을 걷지 않고, 점차 극도로 불안해지는 자신을 발견하게 될 거야. 그때 가장 중요한 건 네가 길을 잃었다는 사실을 깨닫는 거란다. 겸손하게 내게 도움을 요청하렴. 나는 도움을 청하는 사람들 곁에 머문단다. 너의 부르짖음을 듣고 내가 너를 다시 평안의 길로 인도하고 구원할게.

❖ ❖ ❖

예수께서 이르시되 내가 곧 길이요 진리요 생명이니 나로 말미암지 않고는 아버지께로 올 자가 없느니라 _요 14:6

◆ **함께 묵상하면 좋아요** 눅 1:78-79, 시 119:105, 시 145:18-19

52

> "나는 모든 것으로 선을 이룰 수 있단다.
> 네가 달라졌으면 하고 바라는
> 그 상황까지 포함해서 말이야.
> 바로 지금 네게 주어진 시간과 장소를
> 너를 향한 나의 뜻으로 받아들이며
> 그곳에서 시작하렴."

∴

"사랑하는 예수님,

저는 주님이 모든 것을 합하여 선을 이루시는 것을 보기를 간절히 열망합니다! 하지만 주님이 그 선을 어떻게 이루어 가실지 상상조차 하기 힘듭니다. 현재 제가 처한 상황은 일어나지 않게 막았어야 할 치명적인 실수처럼 느껴져 감당하기 힘듭니다. 지금 이 상황을 주님의 뜻으로 받아들이기 위해 노력하지만 마치 가파른 절벽을 기어 올라가는 것만 같습니다. 지금 바로 이곳에서 새롭게 시작할 수 있도록 저를 도와주세요."

나의 사랑하는 자야.

모든 것을 아우르는 선을 네게 보여 준다 해도 너는 이해할 수 없을 거야. 너의 이해력을 넘어서는 일들도 있단다. 사실 많은 일들이 그래. '다른 선택을 했더라면 결과가 달라졌을까?' 하는 가정에 집착하지 말거라. 이미 일어난 과거는 바꿀 수 없단다. 새로운 시작이 가능한 것은 오직 지금 이 순간뿐이야. 이 순간은 네가 현재 거하는 시간과 장소가 만나는 유일한 교차점이지.

현재를 받아들이는 일이 네게 그렇게 크게 어렵지 않으리라고 믿는다. 결국 너는 네 구원자이자 목자인 나와 이 순간 대화하고 있으니 말이야. 그러면 다음 순간이 올 때 그 시간 역시 잘 대처할 수 있을 거야. 그 다음 순간도 마찬가지고 말이야. 정작 네가 가장 받아들이기 어려운 것은 미래를 보는 방법에 있지. 네가 현재 처한 상황에 바탕을 둔 미래의 모습 말이야. 그러나 미래는 너의 영역을 넘어선 감추어진 부분이란다. 미래의 일은 그 주관자인 내게 맡기렴. 미래에 대한 걱정을 떨쳐 버리렴. 그러면 오늘을 사는 풍족한 자원을 발견하게 될 거야. 나도 바로 그 자원이지! 내게 능치 못함이 없다는 사실을 기억하렴!

❖❖❖

우리가 알거니와 하나님을 사랑하는 자 곧 그의 뜻대로 부르심을 입은 자들에게는 모든 것이 합력하여 선을 이루느니라 _롬 8:28

◆ 함께 묵상하면 좋아요 신 29:29, 눅 1:37

53

"나는 네 마음이 두 가지 초점에 맞춰지도록
너를 훈련하고 있단다.
하나는 나와 항상 함께하는 것이고
다른 하나는 천국 소망이야."

•••

"사랑하는 예수님,

주님이 항상 저와 함께하신다는 사실보다 더 깊은 평안은 없습니다. 영원한 천국뿐 아니라 여기 이 땅에서도 말입니다. 이 위대한 진리를 머리로는 오래 알았지만, 저의 마음은 변덕스러워서 다른 신을 쫓고는 합니다. 오직 주님의 영이 도우실 때만 저와 영원히 함께하시는 주님의 경이로움을 붙잡을 수 있습니다."

나의 사랑하는 자야,

너 혼자서는 결코 할 수 없는 일을 네게 행할 나를 신뢰하렴. 나는 진정 너와 함께 있단다. 네가 어디에 있든지, 어디로 가든지 바라보고 있지. 나의 존재를 사실로 단순하게 받아들이렴. 내가 너와 함께한다는 건 견고한 진실이야. 이 분명한 진리 위에 너의 인생을 쌓는다면 반석 위에 집을 지은 것과 같단다.

너의 마음과 지성은 나로부터 멀어져 방황하기도 하지만 네 안에 있는 나의 영이 내게로 돌아와야 한다고 알려줄 거야. 성령님이 도우시기를 구하렴. 성령님은 너를 돕기를 기뻐하신단다. 이 땅에서뿐 아니라 다가올 천국에서도 내가 너와 함께할 것을 기뻐하렴. 나의 영원한 임재와 함께 천국 약속이 너의 마음에 가득 넘치게 하렴!

•••

내가 너와 함께 있어 네가 어디로 가든지 너를 지키며 너를 이끌어 이 땅으로 돌아오게 할지라 내가 네게 허락한 것을 다 이루기까지 너를 떠나지 아니하리라 하신지라 _창 28:15

◆ 함께 묵상하면 좋아요   마 7:24, 요 14:16-17, 요 14:2-3

> "네가 나와 함께 시간을 보낼 때
> 나는 너의 방향 감각을 회복시킨단다.
> 바로 네가 덜 일하고
> 내가 더 성취하는 방향으로 말이야."

◆◆◆

"사랑하는 예수님,

 이것은 정말 좋은 소식입니다! 주님이 주시려는 이 능력이 바로 제게 필요한 것입니다. 하루하루를 살아내는 방법이 매우 다양해서 저는 쉽게 방향 감각을 잃어버립니다. 그러면 저는 다람쥐 쳇바퀴 돌 듯 헛수고를 합니다. 무언가 다른 일을 하려고 이미 하는 일을 중단하는가 하면, 생각이 이 문제에서 저 문제로 종잡을 수 없이 흐트러지고는 합니다. 이런 때는 저의 몸이 생각의 속도를 쫓아가지 못하면서 극도의 혼란에 빠집니다. 무언가 제대로 해내는 일이 거의 없습니다. 주님, 저의 시간과 에너지는 주님께 받은 소중한 선물인 것을 압니다. 그 선물을 지혜롭게 사용하도록 도와주세요."

나의 사랑하는 자야,

길을 잃었다는 사실을 깨달았을 때는 오직 한 가지 해결책밖에 없단다. 가던 길을 멈추고, 네 인생의 책임자인 나를 다시 찾는 거야. 지쳐 소진된 너의 정신을 내가 보살피는 동안 나와 함께 잠시 멈추렴. 나와 함께하는 평화로움이 너를 회복하게 하렴. 나의 평화가 너의 마음과 영혼에 자리하면 네 앞에 놓인 길이 한 걸음씩 열릴 거야. 비록 먼 앞을 내다볼 수 없어도 네 인생의 여정을 계속하기에 충분한 시야를 확보하게 될 거야. 발걸음을 옮기며 계속해서 나를 의식하도록 노력하거라. 네가 어디로 가든 내가 항상 함께한다는 걸 기억하면서 말이야.

잠시 멈추는 것이 시간 낭비라 생각될 수도 있겠지만 사실은 그렇지 않단다. 나의 인도를 잘 따라오면 무가치한 일을 하지 않게 되면서 많은 시간과 에너지를 절약할 수 있어. 너를 위한 나의 계획에 포함되지 않는 일들을 말이야. 그러면 너를 위해 내가 미리 예비해 둔 진짜 일을 할 수 있도록 자유로워진단다. 그래서 실제로는 덜 일하더라도 더 많이 이루게 되지.

❖❖❖

너의 행사를 여호와께 맡기라 그리하면 네가 경영하는 것이 이루어지리라 _잠 16:3

◆ 함께 묵상하면 좋아요   출 33:14, 시 119:35, 엡 2:10

55

*"오늘을 힘든 일이 생길
가능성으로 가득한 날이 아니라
나와 함께 떠나는
거룩한 모험으로 여기렴."*

•••

"사랑하는 예수님,
 하루라는 거룩한 모험으로 초대하시니 저의 마음이 기쁩니다. 주님은 왕 중의 왕이십니다. 저는 왕께 입양된 자녀답게 살고 싶습니다. 하지만 저의 마음은 자주 일상의 문제와 염려에 사로잡혀 있습니다. 새 하루가 시작되면 저는 일어날지도 모를 어려움을 샅샅이 찾으며 과연 제가 감당할 수 있을지 염려합니다. 제 마음은 이렇게 이 땅에 매인 사람의 시선으로 자연스럽게 휘어집니다."

나의 사랑하는 자야,

일상의 문제들에 너의 마음이 끌리는 것은 당연해. 그런데 네게는 그보다 훨씬 큰 능력이 있단다! 나는 너를 놀라운 능력을 가진 존재로 창조했어. 내 형상대로 지음 받은 인간에게만 주어진 능력이지. 네가 나의 자녀가 되었을 때 나는 너의 자아 깊숙이 나의 영을 불어 넣었단다. 네 안에 있는 나의 형상과 내 영의 연합은 강력해서 너를 충분히 위대하게 만들지.

새날을 시작할 때 너 자신을 싸움에 나갈 준비를 갖춘 선택받은 군사로 보거라. 물론 너의 하루하루에는 어려움이 있을 거야. 하지만 그 어려움들에 초점을 맞출 필요는 없어. 내가 제공한 갑옷을 갖춰 입으렴. 그러면 네가 싸워야 할 모든 전쟁에 맞설 준비가 된 거야. 전투가 벌어지면 계속해서 나를 바라보며 나의 힘과 인도를 구하거라. 내가 함께하면 네 앞을 막아서는 어떤 어려움에도 대처할 수 있어. 내가 너를 위해 선택한 도전에 너 자신을 맡기렴. 그러면 인생을 사는 동안 너의 왕인 나와 함께하는 거룩한 모험에 더욱 헌신하게 될 거란다!

❖❖❖

그러므로 하나님의 전신 갑주를 취하라 이는 악한 날에 너희가 능히 대적하고 모든 일을 행한 후에 서기 위함이라 _엡 6:13

◆ 함께 묵상하면 좋아요 딤전 6:15-16, 롬 8:11

56

"나와 함께 기꺼이 위험을 감수하렴.
내가 인도하는 그곳이
네가 거하기에 가장 안전한 곳이란다."

◆◆◆

"사랑하는 예수님,
 저는 위험을 감수하는 사람이 못 됩니다. 안전한 방법을 선호합니다. 하지만 주님 곁에 가까이 머무는 것은 저의 진심어린 열망이기에 주님이 이끄시는 곳이라면 어디든 따르겠습니다. 설사 높은 나무 위라 할지라도 말입니다. 두려움에 떨기보다는 확신에 차서 당신을 따를 수 있도록 도와주세요."

◆ 함께 묵상하면 좋아요   시 31:20, 히 12:2

나의 사랑하는 자야.

 모든 두려움을 내게로 가져오렴. 두려움은 잘 처리되지 않으면 확대되는 경향이 있단다. 내 임재의 빛 앞에 너의 두려움을 드러내면 감당할 수 있는 크기로 줄어들 거야. 너를 옭아매던 두려움이 헐거워지면 너는 자유롭게 나를 따를 수 있단다. 높은 나무 위를 조심조심 오를 때 나의 손을 꼭 잡으렴. 내게 시선을 고정하고 믿음으로 걸음을 내딛으렴. 우리는 곧 쉴 만한 곳에 도착할 거야. 그때는 주변을 둘러볼 수 있지. 원한다면, 우리가 위험을 감수하고 떠나온 길을 돌아보렴. 나의 손을 꼭 잡고 흔들림 없이 서서 수평선을 바라보렴. 그리고 나무 꼭대기에서 누리는 탁 트인 경치를 만끽하는 거야.

 너는 이곳에서 더 안전하단다. 땅이 아닌 높은 나무 위라도 나와 함께라면 말이야. 새롭고 도전적인 환경은 너를 깨워서 나와 계속 소통하게 하고, 네가 나를 의존하게 하지. 익숙한 환경은 네게 안정감을 주겠지만, 그 친숙함이 너를 나태하게 하고 자기 의존이란 유혹에 빠뜨릴 수 있어. 그럴 때 너는 나를 잊어버리게 될 거야. 네가 타락하기 쉬운 때가 바로 그런 때야. 내가 이끄는 곳은 어디든 확신을 가지고 따라오렴. 내가 너와 함께하며 안전하게 지켜줄게.

❖❖❖

여호와께서 사람의 걸음을 정하시고 그의 길을 기뻐하시나니 그는 넘어지나 아주 엎드러지지 아니함은 여호와께서 그의 손으로 붙드심이로다 _시 37:23–24

57

*"나의 가장 깊은 갈망은 네가 모든 상황 속에서
나를 의지하는 법을 배우는 거란다.
나는 이 목적을 위해 하늘과 땅을 움직이고 있어.
이 훈련에서 너는 나와 협력해야만 하지."*

• • •

"사랑하는 예수님,
 저는 주님을 의지하고 싶습니다. 제 앞에 벌어지는 일이 너무 압도적이어서 자신 있게 처리할 수 없을 때는 거의 본능적으로 주님께 도움을 구합니다. 이런 때는 저의 부족함을 고통스럽게 인식합니다. 저보다 훨씬 더 큰 대상을 의존할 필요를 느낍니다. 이것은 제게 두려운 일이기도 합니다. 주님이 저를 실망시키지 않으신다는 믿음으로 행동해야 하기 때문입니다.

 믿음으로 걸음을 내딛는 것은, 주님이 잡아 주시리라 믿으며 가파른 절벽에서 허공 속으로 뛰어내리는 것 같습니다. 그리고 주님은 저를 잡아 주십니다. 주님이 저를 구하시고 능력을 주셔서 제가 혼자서는 할 수 없는 일들을 하게 하시는 이런 때에 저는 승리의 기쁨을 맛봅니다."

나의 사랑하는 자야,

　나의 도움을 많이 경험했다니 정말 좋은 일이야. 네가 절벽에서 뛰어내리기를 거부했다면 그와 같은 짜릿한 경험은 하지 못했을 거야. 내가 나의 신실함을 반복해서 증명할 때, 너의 두려움이 사라지기를 바란단다. 네게 도움이 될 만한 방법을 소개할게. 너를 긴장시키는 사건을 맞닥뜨리면 시간을 내서 나에 대한 너의 신뢰를 확인하렴. 필요하다면 이 과정을 반복하렴. 그러면 너의 두려움에 쏠려 있던 관심을 거두고 나의 신실함에 초점을 맞추게 될 거야.

　네가 힘든 상황에서 기꺼이 나를 의지한다니 기쁘구나. 그런데 나는 그 이상을 기대한단다. 네가 혼자서 상황을 처리할 자신이 있을 때에도 나를 의지하기 원해. 내가 네게 준 은사를 사용할 때 나의 의지를 따라 지혜롭게 사용할 수 있도록 간구하며 감사로 사용하렴. 이렇게 함께 일하는 방식이 너를 도와 더 큰 성취를 가능하게 하고 또 네가 내 곁에 가까이 있도록 할 거야.

◆◆◆

내게 능력 주시는 자 안에서 내가 모든 것을 할 수 있느니라 _ 빌 4:13

◆ **함께 묵상하면 좋아요**　애 3:22-23

58

*"나를 가까이 하는 삶은
결코 지루하거나 예측할 수 없단다.
매일 너의 삶에서 벌어질
놀라운 일들을 기대하렴!"*

...

"사랑하는 예수님,
 저는 예상치 못한 놀라움과 애증의 관계를 맺고 있습니다. 놀랄 때 치솟는 아드레날린은 좋아합니다. 저의 의식을 깨우고 반복되는 일상 너머를 경험하게 하니까요. 하지만 삶이 예상 가능한 일들로만 채워지기를 갈망하는 마음도 있습니다. 사실 저는 소스라치게 놀랄 가능성을 최소화하기 위해 상황을 잘 정리하고자 노력합니다.

 그럼에도 저는 주님 가까이 머물고 싶습니다. 만일 주님과 가까이하는 삶에 예상치 못한 놀라움이 따른다면 저는 기꺼이 둘 다를 선택하겠습니다."

나의 사랑하는 자야,

나와 함께하는 삶은 결코 예측 가능하지 않단다. 나의 길과 생각은 아주 높아서 네가 예측할 수 없지. 나는 결코 네가 예측하고 이해할 수 있는 정도로만 일하지 않을 거야. 그렇게 하는 건 내가 하나님이기를 멈추는 거란다! 나와 긴밀해질수록 너의 삶에 놀라운 일들이 일어나기를 기대하렴. 나와 함께하는 이 예측 불가능한 인생을 네가 더 즐거워할 수 있도록 도와줄게.

매일의 삶에 놀라운 일이 있으리라 예상하면 많은 이점이 있어. 예상치 못한 사건이 일어나도 잘못된 일이 아니라 내가 허락한 일로 받아들일 수 있지. 그러면 화를 내기보다 내게 더욱 즉각적으로 돌아설 수 있단다. 너를 놀라게 한 그 일에 내가 담아 놓은 선한 것을 발견하게 해 달라고 기도하렴. 나는 언제라도 네게 적절하게 반응할 준비가 되어 있어. 너를 당황하게 하는 상황 때문에 불안하다면 그냥 내게 더 가까이 오면 돼. 그러면 생명력 넘치는 내 임재의 흔적을 뜻하지 않은 곳에서 발견하게 될 거야. 너의 매일이 나를 더욱 친밀히 알아가는 기쁨으로 놀랍게 밝아질 거란다.

❖❖❖

내가 주를 의뢰하고 적군을 향해 달리며 내 하나님을 의지하고 담을 뛰어넘나이다 _시 18:29

◆ 함께 묵상하면 좋아요 사 55:9, 벧전 1:8

"너는 매 순간 나를 필요로 하도록 설계되었어.
이 필요에 대한 인식이 커질수록
나의 풍성한 공급도 더욱 깨닫게 된단다."

•••

"사랑하는 예수님,
 살아갈수록 주님이 더욱 필요하다고 깨닫습니다. 사람들은 인생 경험이 쌓일수록 자신의 판단을 더욱 확신하게 됩니다. 하지만 저는 제가 아는 것이 빙산의 일각에 불과함을 깨닫습니다. 실제로 제가 이해하는 것보다 이해하지 못하는 일이 훨씬 더 많습니다. 그리고 이것도 저의 필요가 분명히 드러나는 많은 영역 중 하나에 불과합니다."

나의 사랑하는 자야,

 너의 이해력의 한계를 깨닫는 것은 좋은 일이야. 나와의 관계를 더욱 강하게 하기 때문이지. 너는 일용할 양식이나 복을 받기 위해서뿐 아니라 매일 내려야 하는 많은 결정을 위해서도 계속 내가 필요하단다. 너의 지식과 의견에 더 확신을 갖는다면 좀 더 안정감을 누리겠지만, 나와 함께 생명의 길을 걷는 것이 편안함보다 더 중요하단다. 생명으로 가는 길은 좁은 길이며 적은 무리만이 그 길을 찾는다는 점을 기억하렴. 그러므로 이 길을 따라가는 여정이 수월하리라 예상하지 말거라.

 너의 필요를 인식할수록 내게 더 많은 복을 받는단다. 네가 나를 더 많이 필요로 할수록 나는 너를 내 곁으로 더 가까이 이끌며 네게 무한히 공급할 거야. 나의 풍성한 공급과 너의 필요는 완벽한 짝을 이루어 네가 나와 친밀히 연결되도록 한단다. 내게 지속적으로 의지할수록 너의 삶은 더욱 개선될 거야. 내 영광의 풍성함을 따라 모든 필요를 충족시킬 뿐 아니라, 내 임재의 기쁨으로 너를 기쁘게 할 거야. 네가 기쁘게 나를 의지하면서 살았으면 좋겠구나!

◆◆◆

나의 하나님이 그리스도 예수 안에서 영광 가운데 그 풍성한 대로 너희 모든 쓸 것을 채우시리라 _ 빌 4:19

◆ 함께 묵상하면 좋아요 마 7:13-14, 시 43:4

> "나를 가까이하는 삶은
> 끊임없이 새로워지는 삶이란다.
> 우주를 창조한 나의 창조력은
> 너의 상상을 뛰어넘지."

・・・

"사랑하는 예수님,

주님 곁에 살기 원합니다. 제 안의 깊은 열망이 충족되기 때문입니다. 그러나 고백하건대 저는 습관의 노예입니다. 주님께 다가가는 효과적인 방법을 찾으면, 어떤 법칙처럼 제 삶에 적용하려 합니다. 주님께로 가까이 이끄는 다른 방법들을 발견하면, 역시 그 방법도 매일의 규칙에 포함시킵니다.

이런 접근법은 신실한 기도 생활을 돕지만 결코 계속 새로워지는 방법은 아닙니다. 오래된 습관을 전적으로 포기한다기보다는 주님과의 관계에서 더욱 창조적인 태도를 갖고 싶습니다."

나의 사랑하는 자야.

나를 가까이하려는 너의 열망이 나를 기쁘게 하는구나. 다른 사람들과 정기적으로 기도하는 너의 헌신 역시 나의 기쁨이지. 지속적으로 기도하고픈 마음과 창조적인 관계를 원하는 마음 사이의 긴장을 나는 이해해. 매일 기도하는 습관은 네가 무리하지 않으면서 넓은 범위의 찬양과 간청을 내게 올리도록 돕지. 하지만 습관적인 기도에 따르는 문제도 있어. 몸은 기도를 드리지만 정신은 마치 꿈을 꾸듯 떠돌 수 있지. 이 문제를 방지하려면 성령님을 의지해야 한단다. 너의 기도에 생명의 능력을 부어주시도록 성령님을 초대한다면 네가 깨어 있도록 도우실 거야.

기도 습관을 버리라는 말이 아니야. 나와 교제하는 새로운 방법을 찾으라는 도전이야. 나는 나의 형상을 따라 너를 지었고 네 안에 새 영을 두었기에 네 안에는 생각보다 더 큰 창조의 능력이 있단다. 내게 기쁨을 가져올 방법을 네가 곰곰이 생각할 때, 내가 세밀한 음성으로 네게 다가갈게. 나와 교제하는 참신한 방법을 찾으면 너의 영이 깨어나고 나와의 관계가 활력을 얻을 거야.

❖❖❖

모든 기도와 간구를 하되 항상 성령 안에서 기도하고 이를 위하여 깨어 구하기를 항상 힘쓰며 여러 성도를 위하여 구하라 _엡 6:18

◆ 함께 묵상하면 좋아요   창 1:1, 시 57:10-11

7장

의무감과 책임감에 짓눌릴 때

**스스로 문제를 해결하려는 충동을 억제하고
대신 나의 공급을 의지하렴.**

아침에 나로 하여금 주의 인자한 말씀을 듣게 하소서 내가 주를 의뢰함이니이다 내가 다닐 길을 알게 하소서 내가 내 영혼을 주께 드림이니이다 _ 시 143:8

61

"날이 저물 때까지
해결되지 못한 일들이 산더미 같더라도,
나와 계속해서 교제했다면
그날은 성공이란다."

•••

"사랑하는 예수님,
 저도 그 말씀이 사실이었으면 좋겠습니다. 성공적인 하루를 보냈다는 마음으로 일과를 마치는 때가 거의 없습니다. 대부분 어느 정도 실패감을 맛봅니다. 성공을 가늠하는 다양한 기준과 그 기준에 합당한 사람이 되려는 욕구가 제게 있습니다. 이 욕구가 저를 산만하게 하고 초점을 잃게 만듭니다. 주님의 기준에서 성공을 바라보도록 도와주세요."

나의 사랑하는 자야,

성공을 평가하는 잣대가 세상에는 매우 많지만 대부분 의미 없는 것들이란다. 네가 헷갈리지 않도록 단 한 가지 판단 기준을 알려 줄게. 바로 나를 기쁘게 하고자 노력했는지 여부야.

나는 네가 나와 교제하기를 최고의 목표로 삼을 때 가장 기쁘단다. 하루를 살면서 나와 더 깊이 소통하면 할수록 너는 나의 길을 따라 걷게 될 거야. 내 임재의 빛이 너의 길을 밝히고 무엇이 죄이며 얼마나 혐오스러운지 분명히 알려 줄 거야. 바로 이 빛이 너의 영혼을 만족시킬 거야. 그러기에 항상 나와 교제하는 것이야말로 성공을 분별하는 확실한 기준이란다.

❖❖❖

예수께서 이르시되 네 마음을 다하고 목숨을 다하고 뜻을 다하여 주 너의 하나님을 사랑하라 하셨으니 이것이 크고 첫째 되는 계명이요
_마 22:37-38

◆ 함께 묵상하면 좋아요   시 90:8, 렘 6:16, 시 63:5

62

> "세상 사람들은 자기 힘으로
> 살아야 한다고 주장하지.
> 하지만 나를 의지할 때
> 나의 나라에서 풍성한 삶을 누리게 된단다."

•••

"사랑하는 예수님,
 세상의 속도에 발맞춰 살고 싶을 때가 있습니다. 세상에 섞이고 싶은 욕구는 미묘하면서도 강력합니다. 자기 힘으로 살아가라는 세상의 외침은 때로 자신을 우상으로 삼습니다. 저는 스스로의 힘으로 살기를 원하지 않지만, 그렇게 보이려고 노력하는 자신을 발견할 때가 있습니다.

 하지만 저는 무엇이 진리인지 알았습니다. 주님께 의지하는 것이 더욱 풍성하게 사는 방법입니다. 어려운 상황에 처할 때마다 주님을 의지해 도움을 구하게 하시니 감사드립니다. 주님께 더욱 의지하도록 깨우쳐 주세요."

나의 사랑하는 자야.

나는 겉모습이 아니라 마음을 본다는 것을 기억하렴. 내게 가장 중요한 것이 네게도 가장 중요하단다. 세상 속에 섞여서 멋지게 보이려는 욕망에 저항하거라. 자기 힘으로 사는 듯 보이는 사람들도 대부분은 사실 속으로 힘겨워하고 있어. 심지어는 많은 이들이 자신을 포장하기 위해 해로운 것을 의존하기도 하지.

나를 의지할 때 풍성한 삶을 사는 이유는 내가 그렇게 설계했기 때문이야. 나는 인간이 나를 의지하도록 창조했어. 아담과 하와가 지은 원죄의 본질은 그들이 하나님처럼 되어 독립적으로 살기를 원했다는 거야. 그 후로 '끊임없이' 내게 의지하는 것은 인간의 본성을 거스르는 일이 되었어. '끊임없이'라는 말에 주목하렴. 나는 네가 나를 '끊임없이' 의지하기 원해. 어려운 상황 속에서 내게 의존하는 것은 좋은 출발이야. 그러나 도움을 더욱 구하며 더욱 자주 나를 바라본다면 나의 신실함을 더욱 경험할 거야. 나는 매 순간 너를 지탱하고 있단다. 내가 필요 없는 때란 존재하지 않아.

❖❖❖

내가 여호와를 항상 내 앞에 모심이여 그가 나의 오른쪽에 계시므로 내가 흔들리지 아니하리로다 _시 16:8

◆ 함께 묵상하면 좋아요 삼상 16:7, 창 3:4-5

"계획하고 평가하기보다
계속해서 나를 신뢰하고
감사를 연습하렴.
네 삶에 급격한 변화를 경험할 거야."

•••

"사랑하는 예수님,
 주님은 저를 정말로 잘 아시는군요! 마음이 한가해지면 저는 계획을 세우고 평가하기에 급급합니다. 마치 계획을 세우는 일에 중독된 사람 같기도 합니다. 평안을 좀 더 누리고픈 마음에 그러는 거지만 실제로는 역효과가 납니다. 염려가 더욱 커지니 말입니다. 평가하는 것도 타고난 본성 같습니다. 모든 일과 모든 사람을 평가하는 일이 마치 저의 책임이라도 되는 듯 열을 올립니다. 이 해로운 습관에서 자유로워지도록 도와주세요."

나의 사랑하는 자야,

중독을 다루는 효과적인 방법은, 바람직한 행동으로 해로운 행동을 대체하는 거란다. 계획을 세우는 습관에 무의식적으로 빠져드는 자신을 발견하면 그만 멈추고 나를 향한 신뢰를 선포하렴. "주님이 이 문제를 해결하도록 도와주실 것을 믿습니다." 신뢰를 선포함으로써 너의 계획을 세우고픈 충동을 대체할 수 있어. 필요한 때에 적절한 결정을 내리도록 내가 도우며 너와 함께할게. 이 사실을 기억하면 걱정 수치가 확연히 줄어들 거야.

모든 것을 판단해야 한다는 너의 책임의식은 매우 해롭단다. 이런 태도는 쉽게 비난과 불평으로 오염되지. 네가 깨닫지 못해도 이런 부정적인 감정은 결국 나를 향하게 되어 있어. 모든 것을 통치하는 나에게로 말이야. 너의 비판과 불평을 감사의 언어로 바꾸렴. 내게 감사할 일은 언제나 넘친단다. 특별히 내가 준 영생이란 선물을 기억하렴. 나를 신뢰하며 감사한다면 네 삶의 질적 수준이 놀랍게 향상될 거야.

❖❖❖

그러므로 하나님의 능하신 손 아래에서 겸손하라 때가 되면 너희를 높이시리라 너희 염려를 다 주께 맡기라 이는 그가 너희를 돌보심이라 _ 벧전 5:6-7

◆ 함께 묵상하면 좋아요 마 7:1

── 64 ──

"어떤 한 가지 목표를 추구하기 전에
나와 이야기를 나누자꾸나.
내 임재의 빛이 너의 목표를 비추면
나의 시각으로 문제를 볼 수 있단다."

•••

"사랑하는 예수님,
 목표를 정하고 이루기 위해 애쓰는 일은 제게는 호흡과 같이 자연스러운 일입니다. 저는 목표가 생기면, 곰곰이 생각하기 전에 본능적으로 그 목표를 손에 넣기 위해 달려갑니다. 많은 시간과 에너지를 투자했지만 결국 잘못된 목표였음을 나중에 깨닫기도 합니다. 주님과 먼저 상의할 때 저의 삶이 더욱 만족스럽게 흘러가는 것을 깨닫습니다."

나의 사랑하는 자야.

　목표를 정하고, 목표를 향해 나아가고, 목표를 이루는 매 순간 나와 이야기를 나누면 많은 유익이 있단다. 내 임재의 빛이 너의 목표를 비춰서 더욱 분명하게 볼 수 있지. 나와 그 목표를 놓고 이야기하다 보면 너의 노력에 대한 새로운 시각을 갖게 될 거야. 가장 중요한 변화는 나를 기쁘게 하려는 너의 열망이 더욱 커진다는 거란다. 이 열망은 목표를 달성하는 것 이상의 그 무엇과도 비교할 수 없는 혜택을 주지. 바로 나와의 관계가 깊어지는 것 말이야.

　너의 목표가 나의 뜻과 일치하는지 분별하면, 확신을 가지고 그 목표를 향해 나갈 수 있어. 나와 함께 일할 때 네가 하는 일에 대해 나와 계속해서 이야기를 나누렴. 목적이 달성되면, 나의 도움과 인도에 감사하렴. 그리고 우리가 함께 해낸 일을 기뻐하는 거야!

···

사람의 마음에는 많은 계획이 있어도 오직 여호와의 뜻만이 완전히 서리라 _잠 19:21

◆ 함께 묵상하면 좋아요　시 89:15-16, 시 37:5, 빌 4:13

65

> "네가 사랑하는 이를 내게 맡기렴.
> 나의 보호 가운데 그를 풀어 놓으렴.
> 네 손안에 둘 때보다
> 나와 함께할 때 그들은 더 안전하단다."

❖❖❖

"사랑하는 예수님,
 다른 사람들을 사랑하는 것과 그들을 문제로부터 구하는 것을 혼동할 때가 있습니다. 사랑하는 사람에게 문제가 생기면 저는 그 해답을 찾아야 할 것 같은 책임감을 느낍니다. 확실한 충고를 제시할 의무가 있다는 듯 즉각적으로 문제 해결에 착수합니다. 저를 도와주세요. 사람들을 변화시켜야 한다는 책임감에서 벗어나고 싶습니다. 그것은 주님의 역할이지 저의 역할이 아닙니다."

◆ 함께 묵상하면 좋아요 마 28:18, 시 143:8

나의 사랑하는 자야,

사람들의 삶을 변화시키기로 선택하고 실제로 그들의 삶에 변화를 가져오는 것은 나의 특권이란다. 네가 그 과정에 참여할 수는 있지만, 이 놀라운 인생 드라마의 작가이자 감독은 바로 나라는 사실을 기억해야 해. 네가 대본을 쓰지 말고 나의 대본에 따라야 한단다. 아무리 네가 사랑하는 이들을 돕고 싶다 할지라도, 그들의 삶에서 내 역할을 빼앗아서는 안 돼.

사랑하는 사람을 구해야 할 것 같을 때는 네 사랑의 역량을 곰곰이 생각해 보렴. 그리고 내게서 배우렴. 나는 하늘과 땅의 모든 권세를 가졌지만, 선택할 능력을 의도적으로 인간에게 주었어. 그들에게 나를 사랑할 선택의 자유를 주고 싶었지. 선택의 자유가 없는 사랑은 진짜가 아니기 때문이야. 불완전하고 통제하려는 성향을 가진 너의 사랑을, 완벽하며 사랑하는 이에게 권한을 주는 나의 사랑에 복종시키렴. 기도하는 마음으로 네가 사랑하는 이들을 나에게 맡기렴. 그들의 문제를 해결하려고 하기보다 그들을 위해 기도하는 데 시간과 열정을 쏟으렴. 나의 사랑과 헤아릴 수 없는 지혜를 신뢰하렴. 나는 그들의 삶에 변화를 가져올 수 있단다. 너의 상상을 뛰어넘는 방법으로 말이지.

❖❖❖

우리 가운데서 역사하시는 능력대로 우리가 구하거나 생각하는 모든 것에 더 넘치도록 능히 하실 이에게 교회 안에서와 그리스도 예수 안에서 영광이 대대로 영원무궁하기를 원하노라 아멘 _ 엡 3:20-21

> "사람을 두려워하면 올무에 걸리지만
> 나를 의지하는 자는 안전하단다."

•••

"사랑하는 예수님,

 사람에 대한 두려움이 저의 인생을 얼마나 제한하는지 요즘에야 깨닫습니다. 이런 성향이 너무나 당연한 저의 일상의 한 부분이어서 지금까지 인식하지도 못했습니다. 이제 그 두려움의 존재를 깨닫게 되니, 여기서 자유로워지고 싶습니다.

 하지만 이 두려움은 저의 생각과 마음 깊은 곳에 새겨져 있습니다. 사람들과 함께 있을 때면 그들이 저 때문에 기분이 나쁠까 봐 혹은 상대방에게 제가 어리석게 보일까 봐 염려합니다. 고백하건대, 저는 사람의 마음을 기쁘게 하려는 자입니다. 하지만 저는 진정 변하고 싶습니다."

나의 사랑하는 자야,

너를 주저앉게 하는 이 두려움을 다루도록 네게 두 가지 방법을 알려 줄게. 먼저, 사람의 기분을 상하게 할까 봐 노심초사하는 대신 나를 기쁘게 하기를 너의 최우선 순위로 삼으렴. 계획을 세우거나 결정을 내릴 때 너의 판단에 나를 포함시키렴. 나를 기쁘게 하기 원하는 소망이 너의 생각과 선택을 밝히 비추어 찬란히 빛나게 하렴.

사람을 향한 두려움에서 자유를 얻는 두 번째 방법은 나를 더욱 깊이 신뢰하는 거야. 사람을 기쁘게 해서 그들에게 네가 원하는 것을 얻는 대신 나를 신뢰하렴. 바로 내가 너의 모든 필요를 채운단다. 영광스러운 나의 자원은 결코 부족함이 없고 너를 향한 나의 사랑은 다함이 없지. 사람들은 지키려는 의지 없이 약속을 남발하며 쉽게 너를 속일 수 있어. 어떤 이는 지금은 진심으로 약속한다 해도, 나중에 마음을 바꾸기도 하지. 그러나 나는 영원히 동일하기 때문에 네가 전적으로 의지할 수 있단다. 사람을 신뢰하는 것은 위험하지만 나를 신뢰하는 자는 지혜롭다. 나를 의지할 때 너는 안전해.

❖❖❖

사람을 두려워하면 올무에 걸리게 되거니와 여호와를 의지하는 자는 안전하리라 _잠 29:25

◆ 함께 묵상하면 좋아요 고후 5:9, 빌 4:19, 시 102:27

> "온통 엉망이 된 날에도
> 그 가운데 나를 신뢰하렴.
> 나의 임재 가운데 평화를 누린다면
> 주변에서 일어나는 일이
> 너를 흔들지 못할 거야."

•••

"사랑하는 예수님,

 오늘은 '엉망'이라는 단어가 너무나 잘 어울리는 날입니다. 무엇도 제대로 통제되는 일이 없습니다. 하지만 주님이 저를 도와주실 것을 신뢰하려고 노력하고 있습니다. 저의 작은 세계 속에 질서를 회복하려는 열망은 저의 외적인 환경에 초점을 맞추고는 합니다. 제 내면의 고요는 주변에서 일어나는 일로 인해 쉽사리 흔들립니다. 주님의 평화를 누릴 수 있음을 알면서도 평화를 얻는 데 어려움을 겪습니다."

나의 사랑하는 자야,

제대로 되는 일이 없는 하루가 너의 평화를 방해할 때, 너는 네가 환경에 크게 의존하고 있음을 알게 되지. 이것은 아주 흔한 문제야. 극복하는 방법을 알려 줄게. 최선의 방법은 하는 일을 멈추고 나의 도움을 구하는 거야. 혼란스러울 때 잠깐 멈춰서 쉬는 시간을 가지면 많은 유익이 있단다. 너의 관심을 내게 돌리면 네가 나의 관점으로 볼 수 있도록 도와줄게. 그러면 그렇게 급한 상황이 아닌 것을 깨닫고 하던 일의 속도를 늦추게 될 거야. 속도를 늦추면 엉망이 된 상황을 다시 직면했을 때 나를 의식하기가 더 쉬워진단다.

상황을 잠시 떠나는 일이 불가능할 때도 있어. 그럴 때는 너의 몸과 생각이 여전히 문제를 해결하려고 열중하는 가운데 네 안에 거하는 나의 임재를 의식하렴. 어렵지만 가능해. 나의 평화로운 임재를 더욱 인식하게 해 달라고 기도하렴. "예수님!" 하고 나의 이름을 속삭이며 계속해서 너의 생각을 내게 가져오렴. 나의 이름은 견고한 망대란다. 내게로 달려올 때 너는 안전해.

❖ ❖ ❖

이것을 너희에게 이르는 것은 너희로 내 안에서 평안을 누리게 하려 함이라 세상에서는 너희가 환난을 당하나 담대하라 내가 세상을 이기었노라 _요 16:33

◆ 함께 묵상하면 좋아요 시 121:2, 잠 18:10

68

"내가 주는 평화는 네 지성을 초월한단다.
네가 문제를 해결하려고
정신적인 에너지를 쏟아 부으며 애쓰는 동안은
이 영광스러운 선물을 받을 수 없을 거야."

...

"사랑하는 예수님,
 저는 진정 주님의 평화를 얻고 싶습니다. 그런데 저는 문제를 해결하는 데 너무 많은 에너지와 시간을 소모합니다. 사실 제가 해결하려고 노력하는 문제 상당수는 제 문제도 아닙니다. 지나치게 적극적인 저는 최선의 해결책이 무엇인지 알아내려고 애쓰면서 다른 사람들의 어려움을 움켜잡습니다.

 이러는 저의 동기가 연민이라고 생각하고 싶지만 사실은 다른 사람의 삶에서 하나님 역할이 하고 싶은 것입니다. 저의 것이 아닌 이 역할을 주님께 돌려 드리고 주님의 임재 안에서 쉬도록 도와주세요. 모든 문제를 해결하시는 주님 안에서 쉬기 원합니다."

나의 사랑하는 자야,

 적극적인 마음은 분명 네게 문제를 일으키기도 하지만 복의 근원이 되기도 한단다. 단, 그 정신적 에너지를 내게로 향하게 할 필요가 있어. 나의 이름을 부르며 내가 너와 함께 있음을 기억하렴. "예수님!"이라고 속삭이는 것만으로 너의 하루를 바꿀 수 있단다. 감사는 나의 임재를 자주 경험하는 또 다른 멋진 방법이야. 짧은 기도로 찬양과 간구를 올려도 좋아. 익숙한 방법들이지? 이제 이 기쁨의 원리들을 실천하기만 하면 된단다.

 너의 정신적 에너지를 나에게 초점을 맞추어 사용한다면, 아무 문제없이 나의 평화를 얻을 수 있어. 나의 임재와 평화는 분리될 수 없단다. 너의 마음에 거하는 나와 함께할 때 네게 완벽한 평화를 줄게. 지속해서 내게 초점을 맞추기 어렵다는 걸 알아. 나는 완벽을 기대하는 것이 아니야. 인내를 기대할 뿐이란다. 결코 포기하지 말거라!

...

아무 것도 염려하지 말고 다만 모든 일에 기도와 간구로, 너희 구할 것을 감사함으로 하나님께 아뢰라 그리하면 모든 지각에 뛰어난 하나님의 평강이 그리스도 예수 안에서 너희 마음과 생각을 지키시리라 _ 빌 4:6-7

◆ 함께 묵상하면 좋아요 잠 20:24, 사 26:3

69

"네가 직면하는 하루의 도전이 클수록
네가 사용할 수 있는 나의 능력도 커진단다.
네 하루의 크기만큼 너의 힘도 커질 거야."

•••

"사랑하는 예수님,

참 멋지고 제게 필요한 약속입니다. 저의 힘은 오늘 하루 제가 직면해야 하는 일들을 해결하기에 부족합니다. 하지만 주님의 약속은 신뢰할 만하며 진실합니다. 제가 오늘 직면한 도전을 다루기에 충분한 힘을 주실 것을 기대하며 주님을 바라봅니다."

◆ 함께 묵상하면 좋아요 신 33:25, 시 46:1

나의 사랑하는 자야,

도전 앞에서 네가 많이 부족한 듯 느껴지더라도 언제나 도움을 구하며 나를 바라보렴. 나의 얼굴을 구하기 위해 특별한 장소에 가거나 특별한 자세를 취할 필요는 없단다. 아름다운 언어를 구사하거나 무언가를 선행할 필요도 없지. 나는 언제나 너를 은혜의 시선으로 바라본단다. 나의 완벽한 의로움 속에서 너를 바라보고 있어. 나는 네 안에 살기에 너보다 더 너의 생각을 잘 알고 있지. 그러니 네가 믿음으로 나를 잠깐 바라보는 것만으로도 나의 능력과 연결되기에 충분하단다.

너는 네가 가진 자원이 하루의 필요를 채울 만한지 판단하느라 에너지를 낭비하고는 해. 매일 아침 일어났을 때 너의 부족함을 바로 깨달을 수 있다면 얼마나 좋을까! 그러면 너를 무한히 충족시키는 나를 바로 의지할 테니 말이야. 하루 종일 나와 교제한다면 필요가 생길 때마다 충분한 능력을 네게 줄 거야. 나를 바라보지 않고 너의 능력을 점검할 때 너는 문제에 빠진단다. 혼자서 해결하려는 마음은 공포를 낳고 너를 곧 추락시킬 거야. 네가 가진 자원을 개선할 방법을 찾아 마음이 분주해지면서 걱정이 점점 커지지. 스스로 도움을 찾기를 포기하고 내게로 오렴. 나의 도움을 바라보는 그 순간 힘이 솟구치는 것을 느낄 거야. 네 하루의 필요를 채울 힘이 말이야.

...

여호와와 그의 능력을 구할지어다 그의 얼굴을 항상 구할지어다 _시 105:4

"다른 사람들과 대화할 때도 내게 귀를 기울이렴.
그들이 자신의 영혼을 네게 열어 보일 때
너는 거룩한 땅에 들어서는 거란다.
알맞게 대응하려면 내 영의 도움이 필요해."

•••

"사랑하는 예수님,
 저는 이 부분에서 간절히 성장하기 원합니다. 사람들이 제게 자신의 마음을 터놓을 때 저는 그들과 그들이 말하는 바에 너무 집중한 나머지 주님께 귀를 기울이는 것을 잊습니다. 저의 영웅 심리가 그 상황을 책임지고 다른 사람들을 구조하려고 애를 씁니다. 그들의 이야기를 들으면서 정보를 분석하고 해결책을 찾으려 합니다. 이 접근법의 문제는 결코 적합하지 않은 제 자신의 능력을 신뢰하며 스스로에게 의지한다는 것입니다."

나의 사랑하는 자야,

영웅 놀이를 하려는 너의 성향을 파악하게 되어 기쁘다. 여기서 벗어나는 것은 더할 나위 없이 좋은 일이야. 사람들이 자신의 영혼을 네게 드러낼 때 너는 진정 거룩한 땅에 들어선 것과 같단다. 귀 기울여 듣고 그들을 사랑하는 것은 너의 책임이지. 그러나 그들의 삶에 성큼 뛰어들어 그들을 구조라도 할 것처럼 개입하면, 진흙투성이인 너의 발이 거룩한 땅을 더럽히게 될 거야.

거룩한 땅에서 제대로 역할을 수행하려면 성령님의 도우심이 필요해. 성령님이 너를 통해 사고하고 귀 기울이고 사랑하시기를 간구하렴. 성령님의 사랑이 너를 통해 빛날 때 치료의 능력을 가진 내가 다른 이들 안에서 일한단다. 때로는 네게 지혜의 말씀을 주어 그들과 나누게 하지. 그러나 너의 주된 역할은 그들이 나를 향하도록 방향을 이끌어 주는 거야. 이 안내를 따른다면 너와 상대방 모두 복을 받는단다. 영혼의 차원에서 나의 다함없는 사랑에 연결되는 거지. 나의 영은 너의 영혼을 새롭게 하면서 너를 통해 기쁘게 흘러 들어갈 거야. 영웅이 된 듯한 느낌을 누릴 수는 없겠지만 너의 영혼은 만족하게 될 거란다.

•••

아침에 나로 하여금 주의 인자한 말씀을 듣게 하소서 내가 주를 의뢰함이니이다 내가 다닐 길을 알게 하소서 내가 내 영혼을 주께 드림이니이다 _시 143:8

◆ 함께 묵상하면 좋아요　출 3:5, 시 63:5

8장

하나님께 주도권을 내드려야 할 때

**성령님이 너의 마음과 행동을 지배할수록
너는 내 안에서 자유롭게 된단다.**

주께서 생명의 길을 내게 보이시리니 주의 앞에는 충만한 기쁨이 있고
주의 오른쪽에는 영원한 즐거움이 있나이다 _시 16:11

71

"온 우주의 왕과 언제 어디서나
교제할 수 있다는 경이로움에 감격하렴.
이 놀라운 특권을
당연하게 생각하면 안 된단다!"

•••

"사랑하는 예수님,
 기도할 수 있는 놀라운 특권을 당연시할 때가 자주 있습니다. 심지어 주님과 대화를 나누기 위해 시간을 할애하는 것을 마치 주님께 선심이나 쓰는 듯이 행동할 때도 있습니다. 어리석은 저의 교만을 용서해 주세요."

나의 사랑하는 자야,

 네가 어리석음을 깨달아 회개함이 기쁘구나. 그런 생각에 빠지지 않는 최고의 예방책은 내가 누구인지를 기억하는 거야. 나는 사람이 가까이하지 못할 빛에 거하는 만왕의 왕이며 만주의 주란다. 나의 눈은 불꽃과 같지. 나의 음성은 많은 물소리 같으며 나의 얼굴은 힘 있게 비치는 해와 같아. 나는 또한 네 인생의 발걸음을 인도하는 인자한 목자란다. 네가 내게 얼마나 소중한 존재인지 네가 알았으면 좋겠구나. 내가 너를 얼마나 기뻐하는지 아니? 너도 내 안에서 기쁨으로 화답하기를 나는 바란단다.

 나는 너의 말뿐 아니라 마음에도 귀를 기울인단다. 네가 나와의 교제에 따르는 경이로운 기쁨을 기대하며 내 은혜의 보좌로 기쁘게 나올 때 너와 나 모두에게 복이 된단다!

• • •

기약이 이르면 하나님이 그의 나타나심을 보이시리니 하나님은 복되시고 유일하신 주권자이시며 만왕의 왕이시며 만주의 주시오 오직 그에게만 죽지 아니함이 있고 가까이 가지 못할 빛에 거하시고 어떤 사람도 보지 못하였고 또 볼 수 없는 이시니 그에게 존귀와 영원한 권능을 돌릴지어다 아멘 _딤전 6:15-16

◆ 함께 묵상하면 좋아요   계 1:14-16, 시 37:4, 히 4:16

"내가 네게 허락한 친밀감은
네가 나와 동등한 존재라는 뜻이 아니란다.
나의 손을 잡고 이 땅의 여정을 걷는 동안
만왕의 왕으로 나를 경배하렴."

•••

"사랑하는 예수님,
 합당한 존경으로 주님을 대하지 못할 때가 많습니다. 돌아가는 상황에 화가 날 때는 특히 더욱 그렇습니다. 상처받으면 누군가 탓할 대상을 찾는데 그 대상이 주님일 때도 있습니다. 주님께 그리고 주님이 일하시는 방식에 반항하는 저를 용서해 주세요. 주님을 친밀하게 알아가는 놀라운 특권을 주심에 감사드립니다."

나의 사랑하는 자야,

  나의 형상을 따라 사람을 지었을 때 나는 엄청난 위험을 감수했단다. 강압이 아닌 자유롭게 나를 존경하고 사랑할 수 있는 잠재력을 사람에게 주었어. 나를 너와 동등하게 대하거나 심지어는 못한 존재로 대할 수 있는 자유를 사람에게 넘겨준 셈이지. 나는 너의 자유를 위해 나의 피로 엄청난 값을 지불했단다. 이렇게 지불된 대가가 있었기에 네가 만왕의 왕, 만주의 주를 아는 일이 가능해진 거야. 나의 자녀 중 하나가 경건한 경외감으로 내게 가까이 나아오면 나는 마음을 열고 그에게 친밀한 우정을 건넨단다. 우리가 서로 나누는 기쁨은 헤아릴 수 없을 거야.

  너는 간혹 내가 누구인지를 잊고 그 경계를 넘기도 해. 내게 부주의하게 말하고, 심지어 나를 비방하기도 하지. 너의 불경건한 태도는 우리의 친밀감을 방해하지만 너를 향한 나의 사랑은 변함이 없단다. 위엄에 찬 나의 존재를 기억하며 네가 회개하고 내게로 돌아올 때 나는 달려가 너를 맞으며 내 품에 안지. 이 땅에서의 여정을 걷는 동안 다시 회복된 친밀함으로 기뻐하며 잔치를 연단다.

❖❖❖

하나님은 복되시고 유일하신 주권자이시며 만왕의 왕이시며 만주의 주시요 _ 딤전 6:15

◆ **함께 묵상하면 좋아요** 요 8:58, 눅 15:20

73

> "성령님이 너의 마음과 행동을 지배할수록
> 너는 내 안에서 자유롭게 된단다.
> 점점 내가 지은 네 본래의 모습으로
> 빚어지게 되지."

•••

"사랑하는 예수님,

주님의 말씀에는 모순이 있습니다. 지배받아 자유롭게 된다니요. 하지만 저는 성령님이 저의 생각과 행동을 지배하실 때 더 살아 있다고 느낍니다. 제가 살아 있음이 더욱 생생해집니다. 주님은 제게 '성령님, 저의 생각을 주장하시고 제 안에 사시며 저를 주님의 사랑을 전하는 통로로 사용하여 주소서.'라는 기도를 가르쳐 주셨습니다. 제가 의도적으로 주님께 삶의 주도권을 내드릴 때 가장 만족스럽다는 사실을 압니다. 그런데도 스스로 지배하려고 하고 저의 뜻대로 살려는 욕구가 저를 방해합니다."

나의 사랑하는 자야,

나의 나라에서 자유는 나의 뜻에 복종할 때에만 경험할 수 있단다. 나의 뜻은 완벽해. 그러나 나는 무한하고 너는 유한하기에 네게는 나의 뜻이 완벽하게 보이지 않을 수도 있어. 그래도 항상 나를 신뢰하렴. 나의 뜻을 이해할 수 없을 때에도 말이야. 성령님이 너의 생각을 지배하시기를 구한다면 그가 너를 도우실 거야. 성령님은 네 영의 깊은 곳에 거하시며 너보다도 너를 잘 아신단다. 성령님이 네 안에서 일하실 때 내가 너를 본래의 모습으로 자유롭게 할 수 있어. 성령님과 나는 완벽한 조화를 이루며 함께 협력한단다.

성령님이 너의 생각을 주장하고 네 안에 거하기를 기도하며 네가 나의 사랑의 도구가 되기를 간구할 때 나는 정말 기쁘단다. 사람을 창조했을 때 생각했던 삶의 방식이 바로 이런 거였어. 성령님께 더 협력할수록 너는 더욱 자유로워질 거야. 생동감 넘치게 살고, 차고 넘치게 사랑하며, 끝없이 깊어지는 나와의 친밀감을 알아가는 자유를 누릴 거야!

❖❖❖

너희는 이 세대를 본받지 말고 오직 마음을 새롭게 함으로 변화를 받아 하나님의 선하시고 기뻐하시고 온전하신 뜻이 무엇인지 분별하도록 하라 _롬 12:2

◆ 함께 묵상하면 좋아요 롬 8:6, 롬 8:26-27

74

> "네가 내게 와서 나의 멍에를 멜 때
> 나는 나의 생명으로 너를 채운단다.
> 이것이 내가 선택한 삶의 방식이며
> 나의 목적을 이루는 방식이야.
> 그리고 이루 말할 수 없는 기쁨이란 복을
> 누리는 방식이지."

•••

"사랑하는 예수님,

기쁨으로 주님께 나옵니다. 하지만 그닥 멍에를 메고 싶지는 않습니다. 멍에를 지면 통제를 받게 되니까요. 저는 자유를 만끽하고 싶습니다. 그러나 무엇이 저를 위한 최선인지 주님이 가장 잘 아십니다. 주님이 제시하는 방법이 속박과 고통이라 할지라도 말입니다. 저는 주님의 생명과 기쁨으로 가득 채워지기 원합니다. 주님의 멍에를 메는 법을 알려 주세요."

나의 사랑하는 자야,

가장 쉬운 방법은 나와, 나의 방식에 "네."라고 답하는 거란다. 잘 배웠으면 좋겠구나. 나의 멍에를 나에 대해 가르쳐 주는 학습 도구라고 생각하렴. 나의 멍에를 지면 너를 위해 내가 선택한 길을 가는 동안 나와 가까이 있을 수 있단다. 때로는 이 멍에가 너를 지배하는 듯한 느낌을 받을지 몰라. 하지만 사실은 많은 위험에서 너를 보호하는 거란다. 네가 내 곁에 있을 때 네 안에 있는 나의 생명이 영양분을 공급받아 강해지고, 그러면 내가 네 안에서 더욱 충만하게 살며 너를 향한 나의 목적을 완성할 수 있지.

그러나 안심하렴. 나는 결코 기계처럼 너를 사용하지 않아. 내가 네 안에, 너를 통해 살 때 우리 사이에는 가족끼리 느끼는 강한 연대감이 생긴단다. 이 긴밀한 연대감은 세상이 줄 수 없는 큰 기쁨을 자아내지. 내가 주는 기쁨은 경이롭고 영광스러운 것이어서 말로 다 표현할 수 없어. 나의 멍에는 가혹하거나 무겁거나 날카롭거나 짓누르지 않는단다. 오히려 편안하고 은혜로우며 쾌적하지. 네가 이 사랑의 속박에 복종할 때 나는 네게 압도적인 생명과 기쁨을 풍성히 쏟아부을 거야.

❖❖❖

나는 마음이 온유하고 겸손하니 나의 멍에를 메고 내게 배우라 그리하면 너희 마음이 쉼을 얻으리니 이는 내 멍에는 쉽고 내 짐은 가벼움이라 하시니라 _마 11:29-30

◆ 함께 묵상하면 좋아요 벧전 1:8-9, 요 15:11

75

"나는 너를 온전히 소유하기 원하기에
네가 의지하는 다른 것들을 끊어내고 있단다.
너의 안전은 다른 사람이나 환경이 아닌
오직 나에게만 있어."

•••

"사랑하는 예수님,
 세상은 너무나 두렵고 불안한 장소가 되어 버렸습니다! 주님이 저의 구주가 아니시라면, 이 모든 불확실성에 어떻게 대처했을지 모르겠습니다. 하지만 저는 아직도 다른 의존들을 끊어버리지 못했습니다. 저는 주님뿐 아니라 다른 사람들과 좋은 환경을 여전히 의존하기 원합니다."

◆ 함께 묵상하면 좋아요 빌 4:4-7, 계 2:4

나의 사랑하는 자야.

솔직히 말해 주니 기쁘구나. 이렇게 인정할 때 너의 인생에 내가 개입할 문이 열린단다. 그러면 그 문제를 놓고 내가 너와 함께 일할 수 있지. 나는 네게 다른 사람들로부터 자신을 고립시키라고 요구하는 것이 아니야. 오히려 나는 나의 자녀들이 서로 돕고 사랑하기를 원한단다. 내가 사람들에게 복을 주는 주된 방법은 서로를 향한 사랑의 행위를 통해서야. 하지만 모든 선하고 완벽한 선물은 비록 사람의 손을 통해서 네게 전해졌다 하더라도 궁극적으로는 내게서 왔다는 사실을 기억해야 해.

의존하지 말아야 할 대상을 의존할 때 일어나는 가장 큰 위험은 그것이 우상숭배와 매우 비슷해진다는 점이야. 만일 다른 사람의 행동에 따라 너의 삶의 질이 달라진다면, 너는 오직 나만이 누려야 하는 지위에 그 사람을 올려놓는 거야. 이것은 나를 불쾌하게 할 뿐 아니라 네게도 파괴적이란다. 사람은 불완전하고 예측할 수 없어서 사람을 의지하면 마치 롤러코스터를 타는 것 같은 삶을 경험하게 될 거야. 너의 삶이 타인의 변덕과 기분에 종속되는 거지. 더 끔찍한 것은, 너의 마음이 다른 사람에게 사로잡혀 나와의 친밀함을 방해받게 된단다. 오직 나만이 네 마음의 최우선 순위를 차지하기에 합당해!

...

온갖 좋은 은사와 온전한 선물이 다 위로부터 빛들의 아버지께로부터 내려오나니 그는 변함도 없으시고 회전하는 그림자도 없으시니라
_약 1:17

76

"내게로, 내게로, 내게로 오렴.
나는 거룩한 속삭임으로
계속 이렇게 선포하며 너를 초대하고 있어."

◆◆◆

"사랑하는 예수님,

주님의 초대에 제 마음이 뜁니다! 주님의 거룩한 속삭임을 듣기를, 그리고 그 음성에 전 존재로 반응하기를 얼마나 갈망했는지요. 그런데 저는 너무나 자주 염려라는 내면의 소음과 세상의 소란스러움에 주의를 빼앗깁니다. 제가 지나치게 분주해서 주님의 사랑의 속삭임을 듣지 못할 때에도 주님의 임재로 부르시는 초대를 기억하도록 도와주세요."

◆ 함께 묵상하면 좋아요   마 11:28, 출 14:21-22

나의 사랑하는 자야,

나의 초대를 기억하게 해달라고 내게 도움을 구한 것은 잘한 일이야. 내가 택한 나의 자녀들은 계속해서 나를 잊어버리고, 내가 그들을 위해 한 일도 잊어버린단다. 이스라엘 백성들이 출애굽할 때 나는 홍해를 갈라서 그들을 뒤쫓던 애굽 군사들로부터 그들을 구했지. 그럼에도 그들은 애굽에서 노예 생활을 할 때 먹었던 음식의 맛은 기억하면서 내가 그들을 자유롭게 하기 위해 행한 기적은 기억하지 않았단다. 너 또한 소소한 문제가 너의 주의를 내게서 멀리 빼앗아도록 내버려 두는 경향이 있어. 내 죽음의 희생과 부활의 기적이 네 삶의 모든 순간순간에 빛을 비춘다는 것을 망각하지. 나는 네가 이 빛 속에서 활기차게 살기 원한단다. 내가 네 곁에 있다는 사실을 더욱 알았으면 좋겠구나.

나를 너의 영혼을 사랑하는 연인으로 생각하면, 나와 내가 행한 일을 기억하는 데 도움이 될 거야. 나는 지금 그리고 앞으로도 영원히 네게서 기쁨을 얻는 연인이란다. 자신을 나의 사랑을 받는 자로써 바라보렴. 사실 그것이 바로 너의 궁극적인 신분이란다. 너를 향한 나의 완벽한 사랑을 확신시키는 성경 구절로 너의 마음을 채우렴. 나의 사랑하는 자야, 언제나 내게로 오렴. 너의 마음을 내게 다오. 내가 너의 피난처란다.

• • •

백성들아 시시로 그를 의지하고 그의 앞에 마음을 토하라 하나님은 우리의 피난처시로다(셀라) _시 62:8

77

"내게 영광 돌리며 나를 기뻐하는 것이
잘 정리되고 짜임새 있는 삶을 사는 것보다
더 중요한 우선순위란다.
모든 일에 주도권을 가지려는 노력을 포기하렴.
불가능한 일일 뿐 아니라
소중한 에너지를 낭비하는 일이야."

•••

"사랑하는 예수님,
 잘 정리되고 짜임새 있는 삶보다 주님께 영광을 돌리며 주님을 기뻐하는 삶이 더 중요한 우선순위라고 마음으로는 생각합니다. 그러나 실제로는 모든 일에 주도권을 갖고자 고분군투합니다. 주도권을 잡는 게 저의 주된 목표가 될 때는 시야에서 주님을 놓치고 맙니다. 혹 주님을 생각했다 할지라도 대부분 삶의 질서를 회복하기 위해 주님의 도움을 요청할 때뿐입니다. 저의 삶이 조급하고 근심하기보다 활기차게 주님께 영광 돌리며 주님을 기뻐하기 원합니다!"

나의 사랑하는 자야,

나의 존재를 즐거워하려는 너의 열망이 나를 기쁘게 하는구나. 나는 너의 마음 깊은 곳을 들여다볼 수 있기에 너의 말이 진심인 것을 안다. 또한 나는 너의 생각도 정확히 읽을 수 있어서 네가 나의 임재를 얼마나 쉽게 놓치는지도 알지. 너의 소망대로 내게 영광을 돌리고 나를 기뻐하려면 내게 주도권을 내주어야 해. 이것이 무언가 중요한 것을 포기하는 일처럼 생각되기도 할 거야. 너는 상황을 통제하는 데서 안전을 느끼니 말이야. 하지만 통제하려는 너의 노력은 현실에서 실패할 수밖에 없단다. 잠깐은 성공할지 몰라도 그 상태를 지속할 수는 없어. 그러니 이 노력은 사실 네게 도움이 되기보다 큰 좌절감을 안겨 주지.

불가능한 도전에 에너지를 낭비하는 대신 나와의 관계를 기뻐하도록 노력하렴. 내 임재의 빛 가운데 좀 더 일관되게 나와 동행하는 법을 배우렴. 진정 이 빛 가운데 걷는 자는 나의 의로움 속에서 기뻐 환호하며 종일토록 나를 즐거워할 수 있단다. 네게 힘을 주는 나의 빛 가운데 기쁨으로 살며 내게 영광을 돌리렴.

❖❖❖

즐겁게 소리칠 줄 아는 백성은 복이 있나니 여호와여 그들이 주의 얼굴 빛 안에서 다니리로다 그들은 종일 주의 이름 때문에 기뻐하며 주의 공의로 말미암아 높아지오니 _시 89:15-16

◆ 함께 묵상하면 좋아요 요 17:4-5, 시 139:1-2

> "너의 계획에 맞춰 일하려 하기보다
> 나의 주도권에 반응하면서
> 거룩한 신뢰로 나와 함께 걸으렴."

❖❖❖

"사랑하는 예수님,
 매일 수없이 맞닥뜨리는 선택들을 분명하게 해 주시니 감합니다. 저의 계획에 맞추려고 안간힘을 쓰는 대신 주님의 주도권에 반응하기로 선택하면 주님과 친밀해지고 주님의 자원을 얻습니다.

 일을 저의 계획대로 짜 맞추려고 하면 대개 좌절하고 염려하게 됩니다. 이런 부정적인 결과에도 저는 마치 자석이 끌리듯이 제 나름의 계획을 세우기를 좋아합니다. 저의 이런 성향은 주님이 예비하신 일에 전심으로 반응하며 주님의 길을 걸으려는 저의 깊은 열망을 파괴합니다."

나의 사랑하는 자야,

나의 길을 걸으려는 너의 열망이 나를 복되게 하는구나. 비록 너의 행동과 열망이 하나 되지 못한다 해도 말이야. 이것은 신뢰의 문제란다. 계획을 세우는 것이 잘못은 아니지만, 나보다 그 계획을 더 신뢰해서는 안 돼. 나는 거룩한 신뢰로 나와 함께 걷도록 너를 부르고 있단다. 거룩하다는 건 내가 사용하도록 구별된다는 뜻이야. 네가 이 땅을 살아가는 주된 목적은 나의 목적을 따라 쓰임 받는 거란다. 나의 뜻을 행할 준비가 되는 것 말이지. 네가 세운 계획에 집중한 나머지 다른 것을 보지 못한다면 내게 쓰임 받을 수 없어.

계획이 좌절되었거나 내게서 거리감을 느낀다면, 나의 얼굴을 구하는 시간을 가지렴. 나의 사랑에 너 자신을 내주렴. 나의 사랑이 너의 계획대로 하려는 성향에 저항하도록 새 힘을 줄 거야. 그러면 내가 이미 준비해 둔 일에 참여하며 너는 나의 주도권에 반응하는 삶을 살게 될 거야. 너는 나의 손으로 지은 자, 내가 너를 위해 미리 계획한 선한 일을 하기 위해 새롭게 태어난 자란다. 이렇게 너는 내가 너를 위해 예비한 선한 삶을 살게 될 거야.

◆◆◆

우리는 그가 만드신 바라 그리스도 예수 안에서 선한 일을 위하여 지으심을 받은 자니 이 일은 하나님이 전에 예비하사 우리로 그 가운데서 행하게 하려 하심이니라 _엡 2:10

◆ 함께 묵상하면 좋아요 잠 16:9, 나 1:7

79

> "나는 견고한 반석이란다.
> 춤추고 노래하며
> 나의 안에서 기뻐하렴."

•••

"사랑하는 예수님,
 저는 다윗처럼 주님을 위해 춤추고 싶고, 찬양하고 싶고, 또 주님의 임재를 계속해서 기뻐하고 싶어요. 그런데 막상 저는 시간 대부분을 이 땅의 괴로움에 얽매이며 낙담합니다. 주님을 예배하는 것은 저의 전 존재로 해야 하는 일입니다. 이런 예배를 저는 기뻐하면서도 저항하고는 합니다. 주님께 복종하며 더욱 일관성 있게, 더욱 풍요롭게 예배드리도록 가르쳐 주세요."

<u>나의 사랑하는 자야,</u>

내게 모든 것을 내놓고 평화로운 나의 임재에 머무는 것부터 시작하렴. 나의 영원한 팔에 안겨 쉼을 얻을 때 네가 누리는 안정감과 안전을 인식하렴. 나는 진정 네가 그 위에 삶을 풍성하게 꾸려 나갈 수 있는 견고한 반석이란다. 찬양하고 기도하며 내 안에 거하는 기쁨을 표현하려무나.

나의 임재만이 광대하고 측량할 수 없는 충만함 속에서 기쁨을 뿜어낸단다! 나의 거룩한 임재를 인식할 때와 마찬가지로 네가 나를 찬양할 때 너의 기쁨이 커지지. 몸짓으로 기쁨을 표현할 수 있고 그렇지 않을 수도 있지만, 너의 심령의 기쁨은 말할 수 없이 크다는 것을 나는 알아. 바로 그곳에서 나의 임재를 기뻐하는 궁극적인 기쁨이 샘솟을 거야.

◆◆◆

주께서 생명의 길을 내게 보이시리니 주의 앞에는 충만한 기쁨이 있고 주의 오른쪽에는 영원한 즐거움이 있나이다 _시 16:11

◆ 함께 묵상하면 좋아요   신 33:27, 삼하 6:14, 삼상 16:7

80

"나는 세밀할 뿐 아니라
풍요로움이 넘치는 하나님이란다.
네 삶의 세밀한 일들까지 내게 맡길 때
너의 간구를 철저하게 세세히
응답하는 나로 인해 놀라게 될 거야."

•••

"사랑하는 예수님,
 주님의 넘치는 풍성함을 기뻐합니다! 제가 생명을 구하며 주님 앞에 나올 때마다 주님은 풍성하게 공급해 주셨습니다. 측량할 수 없는 위대하신 하나님께서 제 삶의 세밀한 부분까지 돌보심이 놀랍습니다."

나의 사랑하는 자야,

나의 풍요로움은 무한해서 네 삶의 작은 부분까지도 주의를 기울일 수 있단다. 사실 소소한 일이 큰 결과로 이어질 수 있기에 중요해 보이지 않아도 내게 맡기는 것이 현명하지. 그러려면 네 삶의 모든 영역에서 나를 기쁘게 하려고 해야 해. 이런 태도가 너의 관점을 바꾸고 네 삶의 모든 순간으로 나를 초대한단다. 나를 기쁘게 하려는 마음으로 하루를 살아낼 때 공허함이 사라지고 풍성한 충만함이 자리 잡을 거야. 내 임재의 빛이 화사한 반짝임을 쏟아내면서 너의 상황을 더욱 빛나게 할 거야. 나를 기쁘게 하려는 너의 노력이 우리를 더욱 가깝게 이끌어서 네가 나의 뜻에 따르게 할 거야. 그렇게 나와 연결되면 너는 나의 쉽고 가벼운 멍에를 기꺼이 나누어 들 수 있단다.

네 삶의 세세한 영역들까지 내게 맡길 때 많은 복을 받는단다. 네가 그렇게 할 때 나는 다양한 방법으로 너를 놀라게 할 거야. 너의 기도에 넘치게 응답하고 너의 마음을 깨워서 나와 연합하며 사는 찬란한 기쁨을 사모하게 할 거야.

❖❖❖

그런즉 우리는 몸으로 있든지 떠나든지 주를 기쁘시게 하는 자가 되기를 힘쓰노라 _고후 5:9

◆ **함께 묵상하면 좋아요**   요 10:10, 마 11:30, 삼하 22:29

9장

삶이 두렵고 불안할 때
네가 갈망하는 안정감을 내 안에서 찾으렴.

평안을 너희에게 끼치노니 곧 나의 평안을 너희에게 주노라 내가 너희에게 주는 것은 세상이 주는 것과 같지 아니하니라 너희는 마음에 근심하지도 말고 두려워하지도 말라 _요 14:27

> "예측 가능하고 안정적인 삶보다
> 더욱 깊고 폭넓게 나를 알아가기를 추구하렴.
> 나는 너의 삶을 영광스런 모험으로 만들기 원해.
> 그러려면 옛 방식에서 벗어나야 한단다."

◆◆◆

"사랑하는 예수님,
 저의 마음이 얼마나 이중적인지 주님은 아십니다. 저의 인생이 주님께 항복한 삶이 누리는 영광스러운 모험이 되기를 열망합니다. 하지만 동시에 저는 옛 방식에 매여 있습니다. 변화가 두렵기 때문입니다. 저는 삶이 예측 가능하고 통제되는 듯할 때 안정감을 느낍니다. 예수님, 저를 도우셔서 자유롭게 하시고 주님이 저를 위해 계획하신 모험을 발견하게 해 주세요."

나의 사랑하는 자야,

인생의 가장 위대한 모험은 나를 풍성하게 알아가는 거란다. 너를 향한 나의 사랑의 넓이와 길이, 높이와 깊이를 발견하는 모험이지. 나의 광대한 사랑의 능력은 압도적이지만, 많은 사람들은 나와의 거리를 적당히 조절하면서 나를 아는 지식을 제한하려고 해. 나의 마음이 얼마나 아픈지 표현할 길이 없구나! 사람들은 평범함에서 안정감을 찾고 두려움과 끊임없이 싸움을 벌인단다. 오직 나의 사랑만이 너를 옭아매는 두려움을 깨뜨릴 수 있어. 예측 가능한 삶의 방식이 더 안정적으로 느껴질 수는 있지만 대신 네가 가장 필요로 하는 것, 바로 나를 만나는 데는 장벽이 된단다.

예상하지 못한 사건이 너의 일상을 흔들 때 기뻐하렴. 평범한 일상 속의 너를 깨워 나를 바라보렴. 네 앞에 새로운 모험이 펼쳐지고 있음을, 그리고 내가 그 한 걸음 한 걸음을 함께할 것을 깨달으렴. 우리가 이 모험을 함께 헤쳐 갈 때 나의 손에 꼭 매달리렴. 너 자신을 내려놓을수록 나의 사랑을 더욱 생생하게 경험하게 될 거야.

❖❖❖

사랑 안에 두려움이 없고 온전한 사랑이 두려움을 내쫓나니 두려움에는 형벌이 있음이라 두려워하는 자는 사랑 안에서 온전히 이루지 못하였느니라 _요일 4:18

◆ 함께 묵상하면 좋아요 엡 3:17-18, 시 63:8

82

"끊임없이 변화하는 세상에서
나는 변하지 않는 자이며,
처음과 마지막이란다.
내 안에서 네가 갈망하는 안정감을 찾으렴."

•••

"사랑하는 예수님,
 저를 둘러싼 세상의 많은 변화로 머리가 어지러울 때가 있습니다. 변화에 집중할수록 저는 더 휘청거립니다. 저는 안정감과 영원한 것을 추구하지만 세상은 점점 더 **빠르게 바뀔** 뿐입니다. 그래서 저는 이 세상이 줄 수 없는 것을 구하며 주님을 바라봅니다."

나의 사랑하는 자야,

영원한 것을 향한 열망은 선하단다. 영원, 곧 보이지 않는 현실을 향한 열망이기 때문이지. 그 현실은 주로 나에 대한 것이며, 나는 네 마음의 열망에 응답해 너와 가까워진단다.

나는 너의 발을 반석 위에 두어 견고하게 할 수 있어. 그 반석이 무엇인지 궁금하니? 그 반석 역시 눈에 보이지 않는단다. 바로 내가 너의 반석이요, 너의 요새이며, 너의 산성이야. 내게 피하렴. 그러면 나로 만족하게 될 거야.

◆◆◆

여호와는 나의 반석이시요 나의 요새시요 나를 건지시는 이시요 나의 하나님이시요 내가 그 안에 피할 나의 바위시요 나의 방패시요 나의 구원의 뿔이시요 나의 산성이시로다 _시 18:2

◆ 함께 묵상하면 좋아요　딤전 1:17, 계 21:6, 시 40:2

"나와 함께라면 무엇도 헛되지 않단다.
나는 깨어진 꿈의 흩날리는 재를 가지고도
아름다움을 창조할 수 있어.
너의 슬픔에서 기쁨을 수확하며,
역경의 한복판에서 평안을 거둘 수 있지.
왕 중의 왕이며 너의 친구인 나만이
이 신성하고 신비로운 힘을 가졌단다."

•••

"사랑하는 예수님,
 주님과 같은 친구를 가진 저는 복 받은 자입니다. 제 삶의 더 많은 부분들을 주님과 나누는 법을 배우고 싶습니다. 주님은 깨어진 꿈의 흩날리는 재를 가지고도 아름다움을 창조하시는 능력의 주이십니다. 저의 슬픔에서 기쁨을 길어내시며, 문제의 한복판에서 평안으로 덮어 주십니다. 하지만 저는 제 깨어짐과 문제에 갇히는 때가 얼마나 많은지 모릅니다. 이 모든 것을 주님께 가지고 나가 변화되도록 도와주세요."

나의 사랑하는 자야,

나는 소중한 자녀를 변화시키기를 기뻐한단다. 너의 깨어진 꿈을 내게 다오. 나의 보살핌과 보호 아래에 내려놓으렴. 내가 그 깨어짐을 치료할 뿐 아니라 네게 새 꿈을 줄게. 너를 향한 나의 계획과 조화를 이루는 꿈을 말이야. 이 새로운 꿈을 향해 한 걸음씩 내딛을 때 나의 아름다운 임재에 놀라며 더욱 만족하게 될 거야.

너의 슬픔과 문제도 내게 넘겨다오. 나와 나눈 슬픔은 어둠 속에서 반짝이는 크리스마스 장식처럼 빛나는 기쁨에 적셔진단다. 역경을 내가 주는 선물로 받거라. 바위처럼 견고한 문제 속에서 평화의 구슬이 담긴 황금 주머니를 찾으렴. 나는 너의 헌신적인 친구이며 왕 중의 왕으로, 네 안에 거룩한 변화를 완성한단다. 내게는 모든 것이 가능해!

❖❖❖

예수께서 그들을 보시며 이르시되 사람으로는 할 수 없으나 하나님으로서는 다 하실 수 있느니라 _마 19:26

◆ 함께 묵상하면 좋아요   사 6:1-3, 요 14:27

> "내 평안의 선물에 감사하렴.
> 그 깊이와 넓이를 헤아릴 수 없는
> 큰 평안을 네게 줄게."

❖❖❖

"사랑하는 예수님,
 평안을 찾아 많은 곳을 헤맸지만 주님이 주시는 평안만이 언제까지나 지속되는 진정한 평안이었습니다. 하지만 이 귀한 평안을 저는 쉽게 얻지 못합니다. 잠시만 방심해도 불안감이 허락도 없이 제게 기어오릅니다. 저의 마음 한쪽을 잡아당기며 제가 주님을 인식하지 못하게 합니다. 제가 주님의 평안을 계속해서 누리도록 도와주세요."

나의 사랑하는 자야,

 불안감을 느낄 때에도 내가 주는 평안의 선물에 감사할 수 있단다. 나의 평안은 느낌이 아니라 무엇과도 바꿀 수 없는 특정한 상태를 말하지. 나의 평안은 영원한 용서야. 나의 피로 값을 치르고 네게 건넨 영원한 선물이야. 나는 진정한 평안을 주는 자일 뿐 아니라 바로 나 자신이 평화란다. 평안인 나의 존재를 너는 언제나 누릴 수 있어. 나의 임재를 구한다면 나를 찾고 나의 평안을 마주하게 될 거야.

 너의 감정과 상관없이 나의 평안의 선물에 감사하는 일은 결국 신뢰의 행위란다. 너의 감사와 신뢰가 너를 평강의 주인인 내게로 더 가까이 이끌 거야. 나의 이 엄청난 선물을 탐험하며 기뻐하렴. 때마다 일마다 평강을 줄게!

•••

아버지께서는 모든 충만으로 예수 안에 거하게 하시고 그의 십자가의 피로 화평을 이루사 만물 곧 땅에 있는 것들이나 하늘에 있는 것들이 그로 말미암아 자기와 화목하게 되기를 기뻐하심이라 _골 1:19-20

◆ 함께 묵상하면 좋아요 엡 2:14, 벧전 5:7, 살후 3:16

> "두려워하지 말거라. 내가 너와 함께한단다.
> 쉬지 못하는 너의 마음에 이렇게 명령하는
> 나의 음성에 귀를 기울이렴.
> '잠잠하라, 고요하라.'"

•••

"사랑하는 예수님,
 두려움은 매우 자연스럽게 차오릅니다. 생각이 흘러가도록 내버려 두면 두려움은 마치 당연하다는 듯 저의 생각에 자리를 잡습니다. 반대로 평안을 얻으려면 끊임없이 노력하고 경계해야 합니다.

 염려로 가득한 저의 마음을 잠잠하게 하려면 저와 함께하시는 주님의 임재를 계속해서 인식해야 합니다. 솔직히 고백하자면, 눈에 보이는 이 세상이 저의 관심을 보이지 않는 주님의 존재로부터 꾀어낼 때, 주님을 시야에서 놓칠 때가 많습니다."

<u>나의 사랑하는 자야,</u>

감각에 영향을 주는 요소들에 네가 얼마나 약한지 잘 알고 있단다. 너 역시 이 약점을 안다니 다행이구나. 또한 내가 바로 너의 약함에 대한 답이라는 사실을 안다니 좋은 일이야. 너의 이런 상태는 다만 네가 인간이라는 뜻이란다. 눈에 보이는 세계는 내 자녀의 마음을 잡아당기지. 인간의 보편적인 이 본성 때문에 성경은 너의 눈을 내게로 고정하고 모든 생각을 사로잡아 깨어 기도하기를 거듭 권한단다.

세상의 모습과 소음은 너를 내게로부터 멀리 이끄는 경향이 있어. 나의 음성을 들으려면 고요한 장소에 있어야 해. 나의 임재 속에서 주의를 기울여 들을 때 내가 너의 마음을 인도해 나의 생각을 갖게 할 거야. 내가 너의 마음을 내게로 이끌어서 너의 마음 깊은 곳에 평화를 전할 때까지 기다리렴. 네 영혼의 요동치는 물결을 잠재우며 말이야.

◆◆◆

예수께서 깨어 바람을 꾸짖으시며 바다더러 이르시되 잠잠하라 고요하라 하시니 바람이 그치고 아주 잔잔하여지더라 _막 4:39

◆ 함께 묵상하면 좋아요 엡 6:18, 히 12:2, 고후 10:5

86

*"나의 평안은 모든 것을 아우르며
상황에 흔들리지 않는단다.
다른 모든 것을 잃어도
나의 평안을 얻었다면 너는 진정 부유한 자야."*

◆◆◆

"사랑하는 예수님,

인생에는 제가 통제할 수 없는 부분이 너무 많습니다. 저는 상황에 너무 흔들립니다. 모든 것을 아우르는 주님의 평안이 제게 필요합니다! 주님은 평안을 값없이 선물로 주시는데도 저는 자주 그 선물을 받지 못한다고 느낍니다. 그래서 제가 다른 것에 집착하는지도 모르겠습니다. 사랑하는 사람들, 저의 소유와 명성에 말입니다. 그 무엇보다 주님의 평안을 소중히 여기도록 저를 도와주세요."

◆ **함께 묵상하면 좋아요** 요 20:19, 빌 4:6-7

나의 사랑하는 자야.

　나의 평안은 초자연적인 선물이란다. 나는 십자가에서 죽기 직전에 나를 따르는 제자들에게 이 선물을 남겼지. 죽음을 앞둔 사람은 사랑하는 이에게 가장 소중한 것을 남기기 원한단다. 그래서 나는 나를 따르는 이들에게 평안을 유언으로 남겼어. 나는 이 선물을 받기가 어렵다는 것을, 특히 역경 한가운데를 지날 때는 더욱 그렇다는 것을 알고 있었어. 그래서 부활 후에 내가 제자들에게 가장 처음 한 말이 "평강이 있을지어다."였단다. 그들은 이 평안의 선물을 이미 받았음을 다시 확인할 필요가 있었어. 너도 이 선물이 하늘에 속했다는 것을 기억하렴. 내가 준 선물은 이 세상 평화가 아니야. 이 평화는 모든 이해를 초월한단다!

　세상 다른 것들에 매달리면 나의 평안의 선물을 받기가 어려워. 마치 나는 순수한 황금을 네게 무한대로 주려고 건네는데, 너는 작은 동전 한 닢을 꽉 움켜쥐느라 손을 펴지 못해서 무한한 황금을 받지 못하는 것과 같아. 내가 주는 선물을 받으려면 먼저 너의 손을 펴고 너의 마음을 내게 열어야 한단다. 그렇게 너의 염려를 내려놓고 나의 보살핌을 의지하는 거야. 영광스러운 내 평안의 선물을 받으면 나와 더욱 깊은 친밀감을 누리게 된단다. 모든 복 중에 가장 귀한 복을 받는 거지!

· · ·

평안을 너희에게 끼치노니 곧 나의 평안을 너희에게 주노라 내가 너희에게 주는 것은 세상이 주는 것과 같지 아니하니라 너희는 마음에 근심하지도 말고 두려워하지도 말라 _요 14:27

"나와의 연합 안에서 너는 완전해진단다.
나와의 친밀함 속에서 너는
내가 계획한 모습으로 더욱더 변화되지."

✦✦✦

"사랑하는 예수님,
 마치 저의 중요한 일부가 없어진 듯한 불완전함을 자주 느낍니다. 이 불완전함을 바로 의식하지 못하고 막연히 느낄 때 저는 비생산적으로 반응합니다. 폭식을 하거나 게임에 빠지거나 겉모습에 사로잡히고는 합니다. 제가 그렇게 반응하는 동안 주님은 제 곁에서 내내 제가 주님을 기억하기를 인내로 기다리셨습니다.

 만족이 없는 곳에서 계속 만족을 추구한다면 저는 점점 더 큰 좌절감을 맛볼 것입니다. 불안감은 저를 완전케 하는 유일한 존재이신 주님께 제가 돌아가는 일을 더욱 어렵게 합니다. 하지만 주님의 도움을 구하기에 너무 늦은 때란 없다는 사실을 압니다."

나의 사랑하는 자야,

나의 자녀가 내게 부르짖을 때 나는 언제나 응답한단다. 내가 곧바로 안정감을 주지 않을 수도 있어. 하지만 나는 곧바로 네게 필요한 일을 시작하지. 네가 세상적인 방법으로 만족을 추구했음을 깨닫게 하고, 너의 결핍을 나의 영광스러운 부요함으로 채운단다. 그리고 네가 상황을 명확히 이해할 수 있을 만큼 안정되면 나 자신을 네게 건네지. 네게 필요한 모든 것을 완전히 갖춘 내게 가까이 오라고 너를 초대한단다.

너의 관심을 내게로 맞출 때, 나는 너에게 가까이 다가갈 거야. 네가 나의 임재라는 정화된 공기 속에서 안식할 때 나는 네게 평화라는 복을 줄 거야. 내 영광을 아는 지식의 빛이라는 보화로 질그릇과 같은 너를 채울 거야. 이 신성한 빛이 네 안에 가득 차고도 넘쳐 너는 완전해질 거야. 이 빛은 너를 내가 계획한 작품으로 서서히 변화시킬 거란다.

❖❖❖

인내를 온전히 이루라 이는 너희로 온전하고 구비하여 조금도 부족함이 없게 하려 함이라 _약 1:4

◆ 함께 묵상하면 좋아요   시 145:19, 고후 4:6-7

88

> "인생에 불어 닥치는 폭풍에
> 침몰하지 않는 근본적인 대책은
> 나와 시간을 보내며
> 나와의 우정을 키워나가는 거란다."

"사랑하는 예수님,

 저는 제 인생의 수평선을 따라 저 멀리 일어나는 폭풍을 걱정하느라 많은 시간을 낭비합니다. 감사하게도 그 대부분이 제게로 오지 않고 다른 쪽으로 방향을 틀었습니다. 실제로 저를 강타한 폭풍도 있었지만 그런 경우에도 보통은 제게 들이닥치기 전에 그 세력이 상당히 줄어든 후였습니다. 저는 닥칠지 모를 어려움이 아닌 저와 항상 함께하시는 주님의 임재에 초점을 맞출 필요가 있습니다."

◆ 함께 묵상하면 좋아요 고전 16:11, 시 73:23-24, 28

나의 사랑하는 자야,

언젠가 네게 닥칠 수도, 아닐 수도 있는 폭풍을 예비하는 것으로는 결코 안전함을 얻을 수 없단다. 네 삶의 모든 상황을 내가 다스린다는 사실을 기억하렴. 나의 능력 있는 보살핌에 모든 염려를 내려놓고 쉼을 누리며 나를 신뢰하렴. 잠재적인 문제들을 혼자 끌어안고 거기에 사로잡힌 너의 모습은 나를 슬프게 한단다. 인생에 어떤 위험이 도사릴지 염려하는 자신을 발견하거든, 나의 얼굴을 찾을 때라고 생각하렴. 네 멀리서는 나를 찾을 수 없을 거야. 나는 바로 여기 네 곁에, 너의 생각보다 훨씬 더 가까이에 있거든.

염려하느라 시간을 낭비하는 대신 그 시간을 나와의 우정을 쌓는 데 쏟으렴. 네가 신경 쓰는 모든 것에 대해 나와 이야기를 나누자. 문제뿐 아니라 기쁨에 대해서도 이야기하자. 나는 너의 영원한 연인이기에, 네게 중요한 모든 것에 관심이 있어. 문제에 집중하는 너의 관점을 높이 들어서 나의 관점으로 변화시켜 달라고 간구하렴. 내가 너의 오른손을 붙잡고 영원한 지혜로 너를 인도한단다. 그러니 미래를 걱정할 필요가 전혀 없어. 내 곁에 머무르는 것이 네게 가장 유익하단다. 삶의 폭풍우를 피하는 최고의 피난처는 나와의 친밀한 우정 안이야.

...

옛적에 여호와께서 나에게 나타나사 내가 영원한 사랑으로 너를 사랑하기에 인자함으로 너를 이끌었다 하였노라 _렘 31:3

> "나의 임재를 인식할수록
> 너는 더욱 안전함을 느낄 거야.
> 이것은 현실 도피가 아니라
> 궁극적인 현실로 향하는 일이지."

•••

"사랑하는 예수님,
 주님은 저를 정말 잘 아십니다! 주님의 임재를 의식할 때 저는 더욱 안전하고 평화롭게 느낍니다. 하지만 때로는 여전히 주님이 이 세상을 주관하심을 기억하기가 어렵습니다. 특히 뉴스를 볼 때 그렇습니다.

 미디어가 사실이라고 보도하는 뉴스들은 많은 의견이 더해진 반면, 주님에 대한 이해는 언제나 배제됩니다. 미디어가 악과 냉소주의를 쏟아낼 때 계속해서 주님을 인지하기가 매우 어렵습니다."

나의 사랑하는 자야,

끊임없는 자극을 쏟아 내는 정보의 홍수 가운데 네가 보고 듣는 것이 진실인지 점점 더 판단하기 어려울 거야. 그렇지만 나와 계속해서 연결되는 방법이 있어. 나의 관점에서 새로운 소식을 보고 받아들이도록 도와달라고 기도하는 거지. 그리고 네가 접한 내용에 대해 나와 이야기를 나누자꾸나. 그러면 성경적인 세계관을 회복하도록 내가 도와줄게.

나는 진정 이 세계를 책임진단다. 내가 이 세계를 창조했고 지금도 운행하지. 나의 임재를 인식하면 네가 처한 환경 속에서 보다 편안함을 느낄 거야. 궁극적으로 내가 바로 너의 거할 곳이란다. 나는 천국에 네가 거할 곳을 준비하고 있어. 눈으로는 나를 볼 수 없다 해도 너의 본향, 네가 돌아갈 곳이 바로 나라는 것이 진실이야. 지금 이 땅에서도 그렇고, 영원히 천국에서도 마찬가지란다.

•••

내 평생에 선하심과 인자하심이 반드시 나를 따르리니 내가 여호와의 집에 영원히 살리로다 _시 23:6

◆ 함께 묵상하면 좋아요　시 90:1-2, 요 14:2

> "격한 변화의 한복판에 있을 때에도
> 내가 계속 너와 함께한다는 사실을 인식하면
> 안전함을 느낄 수 있단다.
> 나는 결코 너를 떠나지 않는
> 변하지 않는 하나님이야.
> 어제나 오늘이나 그리고 영원히 말이지."

•••

"사랑하는 예수님,

주님의 이 말씀을 저는 이렇게 이해합니다. 주님은 결코 변함이 없으시기에, 어떤 변화가 저의 인생에 일어난다 해도 그 일에 대처할 확고한 기반을 소유한 거라고 말입니다. 주님이 바로 그 토대이시며, 저의 삶을 그 위에 구축할 반석이십니다. 하지만 재앙은 사람들이 건축한 것을 파괴합니다. 저는 아직 재앙과 같은 거대한 변화에 맞설 준비가 된 것 같지 않습니다."

나의 사랑하는 자야,

나는 진정 너의 삶을 세울 견고한 기초란다. 네 삶에서 가장 중요한 것은 재앙에 허물어지고 쓸려 가는 건물이나 다른 무엇에 있지 않아. 나는 네게 물질적인 복을 허락하지만, 안전함을 느끼기 위해 그것에 의지해서는 안 된단다. 진정한 안전은 오직 내 안에만 있어. 내 안에도 있고 다른 좋은 환경에도 있는 것이 아니야. 만일 내 임재의 반석 위에 네 삶을 세운다면 무엇도 그 기초를 파괴할 수 없단다. 결코 무너뜨릴 수 없지! 그뿐 아니야. 너의 영혼 또한 내 임재의 반석 위에서는 파괴될 수 없어.

너는 거대한 변화에 맞설 준비가 아직 되지 않았다고 했지. 그런데 나는 그 엄청난 변화의 순간이 실제로 오기 전에 네가 준비되리라고 기대하지 않아. 하지만 내가 도울 것이기에 너는 어떠한 일에도 대처할 수 있단다. 네가 이 사실을 신뢰하도록 나는 너를 훈련하고 있어. 나는 결코 너를 떠나거나 버리지 않아. 나는 언제나 너와 함께할 거야. 내가 확실히 약속해! 그러나 때로는 네가 나를 찾아야 해. 나를 인생의 액세서리가 아닌 필수품으로 말이지. 그러면 나를 발견할 거야. 너의 온 마음을 다해 나를 찾으렴!

❖❖❖

너희는 여호와를 영원히 신뢰하라 주 여호와는 영원한 반석이심이로다 _사 26:4

◆ **함께 묵상하면 좋아요** 히 13:8, 히 13:5, 렘 29:13

10장

하루를 인도해 줄 초점이 필요할 때

나를 바라보면 네 삶을 향한 나의 관점을 갖게 된단다.

이는 하늘이 땅보다 높음 같이 내 길은 너희의 길보다 높으며 내 생각은 너희의 생각보다 높음이니라 _사 55:9

91

> "너는 나의 임재를 연습할지,
> 아니면 문제 자체에 집중할지
> 매 순간 선택할 수 있단다."

◆◆◆

"사랑하는 예수님,

제가 쉬지 않고 주님의 임재를 경험하기를 얼마나 원하는지 아실 겁니다. 주님께 집중하면 좁은 저의 시각이 넓어지고 저의 마음은 기쁨으로 가득찹니다. 하지만 문제에 사로잡힐 때면 저는 무게감에 짓눌리고 불안해집니다.

그런데 저의 마음은 문제를 해결해야 한다는 생각에서 벗어나기가 힘듭니다. 무엇이 잘못되었는지 찾아내 해결해야 한다는 생각이 자연스럽게 듭니다. 반복되는 이 사고방식에서 자유롭기 원하지만 그 뿌리가 너무 깊게 박혀 있습니다."

<u>나의 사랑하는 자야,</u>

　너의 실패에 집중한 채, 스스로를 더 나은 존재로 만들려는 노력을 멈추렴. 네가 사는 세상이 타락했음을 기억하고 너 또한 그 깨어진 일부라는 사실을 잊지 말거라. 죄로부터 너 스스로를 구원할 수 없듯이 너는 이 땅에서 나의 임재를 완벽하게 연습할 수 없단다. 이 땅에서 네가 결정하는 모든 자연스러운 선택은 죄로 오염되었어. 그렇지만 너는 변화되는 과정에 있고 네 안에 거하는 나의 영으로 새로워지고 있단다.

　악한 길에서 네가 자유로워지도록 지금도 일하는 나와 협력하자꾸나. 매 순간을 너를 내게로 가까이 이끄는 생생한 기회로 여기렴. 나는 두 팔 벌려 너를 환영한단다.

◆◆◆

하나님이여 나를 살피사 내 마음을 아시며 나를 시험하사 내 뜻을 아옵소서 내게 무슨 악한 행위가 있나 보시고 나를 영원한 길로 인도하소서 _시 139:23-24

◆ 함께 묵상하면 좋아요　마 11:28, 롬 12:2

92

"부지런히 너의 생각을 지키렴.
선한 생각이
너를 내 곁에 있도록 지켜줄 거야."

•••

"사랑하는 예수님,
 저는 생각도 뜻대로 되지 않습니다. 여러 가지 생각이 동시에 이 방향 저 방향으로 흩어지면서 한 가지에 집중하기가 어렵습니다. 제 생각의 초점을 주님께 맞추기 간절히 원합니다. 하지만 그런 저의 노력은 마치 거센 조류를 거슬러 헤엄치는 듯 쉼 없는 싸움이 되고 맙니다."

<u>나의 사랑하는 자야,</u>

너의 마음에서 벌어지는 전투의 치열함에 놀라지 말거라. 사탄과 그의 악한 군대는 너와 내가 친밀한 것을 혐오하며 너의 마음을 거짓 속임수로 공격한단다. 사탄의 끊임없는 집중 공격 때문에 내게 생각을 맞추는 일은 쉼 없는 싸움이 될 거야. 너의 타락한 본성도 또 하나의 이유이지. 너의 마음은 타락의 영향력에서 벗어나지 못했단다.

정확히 분별할 수 없도록 방해하는 요인은 다양해. 잠이 부족할 때, 몸이 아플 때, 스트레스가 심하거나 지나치게 분주할 때가 그렇지. 그렇지만 너의 사고를 통제하는 일은 여전히 가능하단다. 나의 영에게 도움을 구하렴. 너의 사고가 멋대로 흘러가도록 방치하지 말고 자제하며 깨어 있으렴. 해롭거나 거룩하지 못한 생각이 떠오르거든 그 생각들을 내게로 가져오렴. 생각을 향한 너의 투쟁에 대해 나와 함께 이야기를 하자꾸나. 떠오르는 생각들을 나와의 대화로 바꾸는 연습을 하거라. 선한 생각을 하도록 너의 마음을 잘 지킬 때 너를 새롭게 하는 나의 임재를 더욱 깊이 누리게 될 거야.

❖❖❖

그러므로 함께 하늘의 부르심을 받은 거룩한 형제들아 우리가 믿는 도리의 사도이시며 대제사장이신 예수를 깊이 생각하라 _히 3:1

◆ **함께 묵상하면 좋아요** 시 141:3, 벧전 5:8, 행 3:19

93

"나를 바라보면 너의 삶을 향한
나의 관점을 갖게 된단다.
아침에 나와 함께 보내는 이 시간은
뒤엉킨 너의 생각을 풀고,
네 앞에 놓인 하루를 여는 데 필수이지."

•••

"사랑하는 예수님,
 주님은 쉽게 저의 생각을 읽고 완벽하게 그 생각들을 헤아리십니다. 매일 아침 일어나면 이런저런 생각의 조각들이 저의 마음을 어지럽힙니다. 막 깨어났을 때는 생각을 정리하기가 어렵습니다. 하지만 그 순간에도 주님이 저 혼자서는 할 수 없는 일들을 해 주시기를 구하며 기대함으로 주님을 바라봅니다."

나의 사랑하는 자야,

너의 생각이 온통 흐트러져 있을 때에도 내게 도움을 청하며 진실로 나를 기대할 수 있단다. 아침에 일어나 곧장 커피를 마시러 가는 사람들이 많지. 아직 정신이 맑지는 않지만 정신을 차리도록 도와줄 만한 것을 찾아 움직일 만큼은 정신을 차린 셈이야. 나도 비슷한 역할을 한단다. 너의 생각이 휘청거릴 때 나의 관점으로 사고하고 이해하도록 도와달라고 구하렴. 너는 나의 형상을 따라 창조되었기에 이 놀라운 능력을 가질 수 있어.

네가 나의 임재 가운데 머물 때, 나는 너의 생각을 정리할 뿐 아니라 네 하루의 길을 곧게 예비한단다. 아침을 나와 보낼 여유가 없다고 생각하는 사람들이 있는데 그때 내가 그들의 하루를 얼마나 효율적으로 바꿀 수 있는지 모르고 하는 소리야. 네가 소중한 아침 시간을 나와 함께 보내면 내가 너의 장애물을 제거하고 네게 시간을 절약할 통찰력을 줄 거야. 나는 네게 보상하되 후하게 보상하는 하나님이란다. 네 하루의 상황을 열어줄게.

❖❖❖

아침에 주의 인자하심이 우리를 만족하게 하사 우리를 일생 동안 즐겁고 기쁘게 하소서 _시 90:14

◆ 함께 묵상하면 좋아요 시 139:1-2, 시 33:20-22

"나는 언제나 네 앞에 있어.
한 걸음 한 걸음 너를 인도하며 말이야.
높음이나 깊음이나 다른 어떤 피조물이라도
너를 나의 사랑에서 끊을 수 없단다."

•••

"사랑하는 예수님,
 주님이 항상 제 앞에서 저를 이끄시고 격려하심을 믿습니다. 하지만 저의 마음은 현재를 건너뛰어 다음 단계로 넘어가고는 합니다. 제 앞에 놓인 이 순간과 제 앞에 계신 주님의 존재를 무시하면서 말입니다.

 제가 주님께 초점을 두고 집중할 때도 있습니다. 그럴 때는 저의 일에 주님의 임재가 스며듭니다. 앞에 놓인 일이 더 이상 힘들지 않고 기쁨이 됩니다."

나의 사랑하는 자야,

나와 협력하는 삶은 천국의 예고편과도 같지. 그렇게 하기가 쉽지는 않지만 정말 멋진 일이야. 이건 아주 높은 수준의 영적, 정신적 집중력을 필요로 한단다. 시편에서 다윗이 나를 항상 그 앞에 모신다고 선언했을 때 바로 이 협력하는 삶의 방식을 노래했던 거였어. 목자였던 다윗은 나의 얼굴을 구하고 나의 임재를 기뻐한 경험이 많았단다. 항상 나를 자신 앞에 그리고 가까이 두는 삶의 아름다움을 발견했지. 나는 너 또한 이 삶을 살도록 훈련하고 있단다. 그러려면 네가 시도한 다른 어떤 일보다 더 끈질긴 노력이 필요해. 하지만 다른 활동에 방해가 된다기보다 오히려 그 활동에 활기찬 생명을 더할 거야.

무슨 일을 하든지 나를 위해 하고 나와 함께, 나를 통해 하렴. 작은 일도 나를 위해 하면 내 임재의 기쁨으로 반짝인단다. 무엇도 너를 나로부터 끊을 수 없어. 너와 내가 함께하는 이 모험은 영원토록 계속될 거야.

··· ◆ ···

내가 여호와를 항상 내 앞에 모심이여 그가 나의 오른쪽에 계시므로 내가 흔들리지 아니하리로다 _시 16:8

◆ 함께 묵상하면 좋아요　롬 8:38-39, 골 3:23-24

> "매일을 무언가 채워 넣어야 할
> 공백으로 여기기보다
> 내가 너를 위해 준비한 일에
> 반응한다는 태도로 살아 보렴.
> 망대 위에 서서 내가 행한 모든 일을
> 찾아내려는 사람처럼 말이야."

❖❖❖

"사랑하는 예수님,

 저는 그렇게 살고 싶습니다. 주님이 행하신 일을 발견하고 주님이 제 앞에 놓으신 기회에 반응하며 살고 싶습니다. 그것이 가장 기쁘며 또한 효과적인 삶의 방식인 것을 압니다. 그런데 제 안에는 통제력을 놓치지 않으려고 이런 삶의 방식에 저항하는 자아가 있습니다. 주님의 일하심에 반응하는 삶의 기술을 가르쳐 주세요."

나의 사랑하는 자야,

나를 떠나서 혼자 힘으로도 살 수 있다고 믿는 사람들이 많지만 그것은 환상에 불과해. 내게 반응하며 사는 것은 결국 절대적인 실체에 너 자신을 맞추는 문제야. 내가 네 삶의 모든 영역을 다스린다는 사실은 네게 확고한 안정감을 주고 나의 완전한 사랑을 신뢰하게 할 거야. 내게 반응하며 사는 삶을 누리는 방법은 신뢰의 기초 위에서 안식하는 거란다. 나의 절대적 선함, 무한한 지혜 그리고 나의 사랑 속에서 안식하는 거지.

이런 신뢰의 기초 위에 서려면 통찰력이 있어야 해. 너의 관점뿐 아니라 나의 관점에서 상황을 볼 수 있어야 한단다. 하루하루 소소한 일상에서뿐 아니라 보다 큰 그림 속에서 내가 어떻게 일하는지 찾으렴. 그리고 집중하렴. 세상은 쉬지 않고 너를 내게서 떼어내려 할 거야. 하지만 내가 하는 일에 반응하며 살 때 너는 살아 있음을 실감하며 나와의 풍성한 교제를 경험하게 될 거야. 그때가 바로 너의 삶에서 최고의 순간이지. 이것은 내게 완전하게 반응하며 살 천국에서의 삶을 미리 경험하는 거란다. 영원부터 영원까지의 삶을 말이야!

◆◆◆

나는 오직 주의 사랑을 의지하였사오니 나의 마음은 주의 구원을 기뻐하리이다 _시 13:5

◆ 함께 묵상하면 좋아요　마 10:29-31, 히 1:3

> "나를 너의 긍정의 초점으로 삼으렴.
> 나를 바라볼 때
> 내가 너와 함께하는 것을 발견하고
> 기쁨을 얻을 거야."

•••

"사랑하는 예수님,

주님은 우리와 항상 그리고 영원히 함께하십니다. 이 사실만으로도 제 인생의 날들을 기쁨으로 채우기 충분합니다. 그런데 저의 마음은 안타깝게도 쉽게 이 초점에서 벗어나 주님의 변치 않는 임재를 잊어버립니다. 저의 생각이 초점을 잃으면 주님이 아닌 잡다한 것에 관심이 쏠려 주님의 존재가 저의 의식에서 더 멀어집니다. 걱정과 세속적인 생각은 나태해진 저의 마음을 공격합니다. 주님을 바라보고 싶지만, 그러려면 주님의 도움이 필요합니다."

나의 사랑하는 자야,

너는 네 마음을 어디에 초점을 맞출지 선택할 수 있단다. 초대받지 않은 많은 생각들이 너의 마음에 스친다는 것을 알아. 하지만 너는 생각보다 더 스스로를 잘 통제할 수 있어. 바울은 성령님의 영감을 받아 "무엇에든지 참되며 무엇에든지 경건하며 무엇에든지 옳으며… 이것들을 생각하라"(빌 4:8)고 말했지. 이것이 불가능하다면 그렇게 하라고 명하지 않았을 거야. 이 세상은 선과 악이 공존한단다. 그러기에 너는 멋지고 찬양받기 합당한 것을 생각할지, 아니면 끔찍하고 혼란하게 하는 일을 생각할지 선택할 수 있어. 물론 때로는 불완전한 상황 때문에 고민할지도 몰라. 그러나 네 마음의 중심을 선택할 순간은 언제나 있단다.

바로 이럴 때 네가 생각을 다스리기를 원해. 마음이 나태해지면 부정적인 생각에 너의 중심을 내주기 쉽단다. 과거의 일을 후회하거나 미래의 일을 염려하면서 말이야. 하지만 나는 지금 이 순간 너와 함께 있단다. 마음의 중심이 나를 향하도록 자주 훈련하렴. 내가 누구인지를 기억하면 너의 칠흑같이 어두운 시간도 기쁨으로 환하게 밝아질 거야.

❖❖❖

끝으로 형제들아 무엇에든지 참되며 무엇에든지 경건하며 무엇에든지 옳으며… 이것들을 생각하라 _빌 4:8

◆ 함께 묵상하면 좋아요 마 1:22-23, 요 8:58

97

"다른 무엇보다
나를 기쁘게 하기를 목표로 삼거라.
바로 그 목표가
오늘 너의 초점이 되도록 하렴."

•••

"사랑하는 예수님,
 제게는 하루를 살아내도록 안내할 초점이 절실히 필요합니다. 저의 마음은 초점에서 쉽게 미끄러집니다. 저의 생각을 주님께 고정할 때, 안개가 걷히고 또렷이 볼 수 있습니다. 주님께 초점을 계속해서 맞추는 좋은 방법은 매 순간 주님을 기쁘게 하기 위해 노력하는 것입니다. 저는 정말 주님을 기쁘게 하고 싶습니다. 그런데 저는 그보다 덜 중요한 목표 때문에 쉽게 곁길로 빠집니다."

나의 사랑하는 자야,

이 일은 스스로를 절제하는 것만으로는 성공할 수 없단다. 너의 의지에서 비롯된 행동 그 이상이 필요해. 나를 향한 너의 사랑이 점점 커질 때 나를 기쁘게 하려는 너의 열망도 커질 거야. 사랑에 빠진 남자와 여자는 서로를 기쁘게 하는 데서 큰 기쁨을 누리지. 사랑하는 이에게 깜짝 선물로 기쁨을 주려고 몇 시간을 고민하기도 해. 나도 사랑에 빠진 연인과 같단다. 너의 기쁨을 크게 하는 데서 즐거움을 누리지. 너의 기쁨을 완전하게 하면서 말이야. 나를 향한 너의 열정을 키우는 최선의 방법은 너를 향한 나의 열렬한 사랑을 강하게 인식하는 거야.

나를 기쁘게 하기 원한다면 나를 네 영혼의 연인으로 생각하렴. 네가 존재하는 매 순간, 10억 분의 1초까지 예외 없이 완전하게 너를 사랑하는 연인으로 말이야. 변함없는 내 사랑의 빛 속에서 나를 기쁘게 하려는 너의 열망이 새싹처럼 돋아날 거야.

❖❖❖

아버지께서 나를 사랑하신 것 같이 나도 너희를 사랑하였으니 나의 사랑 안에 거하라 내가 아버지의 계명을 지켜 그의 사랑 안에 거하는 것 같이 너희도 내 계명을 지키면 내 사랑 안에 거하리라 내가 이것을 너희에게 이름은 내 기쁨이 너희 안에 있어 너희 기쁨을 충만하게 하려 함이라 _요 15:9-11

◆ 함께 묵상하면 좋아요 히 3:1, 시 52:8

98

*"오늘을 사는 동안 내게 초점을 맞추렴.
발레리나가 회전할 때
균형감을 잡기 위해 한곳을 계속 바라보듯
계속해서 내게 시선을 고정해야 한단다."*

•••

"사랑하는 예수님,
 오늘은 정말 하루 종일 제자리에서 빙빙 돌기만 한 것 같습니다. 하지만 발레리나처럼 우아한 몸짓은 아니었습니다. 정신없이 돌다가 간신히 균형감을 찾으려고 하면 다른 사건이 저를 놀라게 해서 다시 휘청휘청 흔들립니다. 주변에서 일어나는 일들을 쫓을수록 저는 점점 빠르게 흔들립니다. 모든 상황 가운데 주님을 바라볼 때에만 균형을 찾을 수 있습니다."

나의 사랑하는 자야,

너의 유일한 소망은 나를 다시 바라보는 거란다. 계속해서 또다시 나를 바라보렴. 나와 함께 하루를 시작하면 그걸로 충분하다고 생각하는 사람들이 많지만, 깨어 있는 시간 내내 계속해서 나를 바라보지 않는다면 쉽게 길에서 벗어날 거야. 발레리나에게서 배우렴. 발레리나는 한 바퀴를 돌 때마다 머리를 재빨리 회전시키면서 미리 정해 놓은 한 곳으로 시선을 재빨리 가져가지. 그렇게 하지 않으면 금방 어지러워지기 때문이야. 이처럼 너를 어지럽게 하는 일을 맞닥뜨렸을 때는 시선을 고정할 곳이 필요해. 그리고 영원히 변하지 않는 내가 바로 최고의 초점이야. 균형감을 잃지 않으려면 계속해서 나를 바라보아야 해.

네가 계속해서 내게 시선을 고정하기 어렵다는 걸 알아. 나는 너의 인간적 한계를 이해한단다. 너는 때때로 시야에서 나를 놓치지. 그러나 내가 항상 함께하기에 너는 다시 나의 길로 초점을 맞출 수 있어. 너의 주의를 내게 다시 돌릴수록 너의 삶은 균형감을 갖게 될 거야. 이것이 타락한 세상에서 사는 동안 내게 시선을 고정하는 방법이란다.

❖❖❖

믿음의 주요 또 온전하게 하시는 이인 예수를 바라보자 그는 그 앞에 있는 기쁨을 위하여 십자가를 참으사 부끄러움을 개의치 아니하시더니 하나님 보좌 우편에 앉으셨느니라 _히 12:2

◆ **함께 묵상하면 좋아요** 시 102:27, 고전 13:12

99

*"소망은 너를 천국과 연결하는 황금빛 끈이란다.
많은 시험이 너를 뒤흔들 때
이 끈이 너의 머리를 높이 들도록 도와줄 거야."*

•••

"사랑하는 예수님,

 저의 삶이 순탄할 때 소망이라는 황금빛 끈은 마치 케이크 장식처럼 기쁨을 더합니다. 그리고 많은 시험이 닥칠 때 이 끈은 절망으로부터 저를 보호하는 생명선이 됩니다.

 문제의 한복판에서 소망에 매달릴 때 주님의 응원을 들을 수 있습니다. 주님은 절대적으로 확실한 천국으로 저를 격려하십니다. 하지만 주님을 보려면 저의 머리를 높이 들어야 합니다. 고개를 아래로 떨어뜨리면 저의 시야에서 주님을 놓치고 당황스러운 저의 문제만 보이기 때문입니다."

나의 사랑하는 자야,

 소망은 상황이 좋을 때든 어려울 때든 내가 네게 주는 선물이란다. 너의 인생이 순조로울 때에도 천국의 약속을 즐거워한다니 기쁘구나. 나를 따르는 자들 상당수는 이 세상의 기쁨을 추구하는 데 너무 집중한 나머지 궁극적이고 영원한 그들의 본향을 잊는단다.

 여러 가지 문제로 힘겨울 때 내 소망의 끈을 생명선 삼아 매달리는 것은 잘한 일이야. 그러면 네 짐의 무게가 가벼워져서 그 짐을 지기가 수월할 거야. 그러나 여전히 문제보다는 나의 임재에 집중하려고 노력해야 한단다. 문제에 집중하는 태도는 네게서 큰 기쁨을 빼앗을 거야. 내게 도움을 구하며 소망의 끈에 매달리렴. 고통 속에서도 기뻐하며 인내할 수 있어.

❖❖❖

정녕히 네 장래가 있겠고 네 소망이 끊어지지 아니하리라 _ 잠 23:18

◆ 함께 묵상하면 좋아요 살전 5:8, 롬 12:12, 히 6:19-20

100

"네가 정말 해야 할 질문은
'네가 문제를 잘 처리할 수 있느냐'가 아니라,
'어떤 일이 생기든
나와 함께할 수 있느냐'란다.
네가 나와 함께할 때
하루를 활기차게 맞이할 확신을 얻을 거야."

◆◆◆

"사랑하는 예수님,

오늘 하루를 정말 자신 있고 활기차게 살고 싶습니다. 주님을 따르는 자로서 그렇게 사는 것이 마땅해 보입니다. 하지만 저는 종종 오늘은 또 얼마나 많은 부담이 주어질지, 제가 그 문제에 잘 대처할 수 있을지를 염려하며 하루를 시작합니다. 저의 믿음 없음을 도와주세요!"

◆ 함께 묵상하면 좋아요 빌 4:13, 마 1:23

나의 사랑하는 자야.

믿음 없는 너의 모습 그대로 내게 나오렴. 너의 믿음이 약할 때에도 나는 동일하게 너를 사랑한단다. 나를 따르는 이들 중에도 너처럼 흐릿하고 기진맥진한 마음으로 일어나는 사람이 많지. 하지만 나는 너의 마음속에 나를 향한 진정한 신뢰가 있음을 볼 수 있어. 매일 아침 네가 할 일은 복잡한 너의 생각을 다 꺼내서 너의 마음속에 있는 신뢰로 정리하는 거야. 매일 이 중요한 과제를 위해 적당한 시간을 따로 떼어 놓을 필요가 있단다. 마음이 분명해질 때까지 성경을 읽고 기도하고 나를 묵상하며 나의 임재에 머무르렴.

뒤죽박죽 혼란스러운 마음으로 하루를 시작하면 그릇된 질문을 하게 돼. 일어날 일들을 네가 잘 해결할 수 있을지 고민하게 되지. 그러나 올바른 질문은 '어떤 상황에 맞닥뜨리든 나와 함께할 수 있느냐.'야. 하루를 바라볼 때 너의 곁에서 힘을 주며 인도하고 격려하는 나를 보도록 너의 시야를 넓히렴. 내가 너와 함께한다는 사실을 시야에서 놓치면, 내가 제공하는 도움도 놓치게 된단다. 그러니 내가 누구인지에 초점을 맞추거라. 나는 임마누엘, 너와 함께하는 하나님이란다. 이 기쁜 소식을 묵상하는 동안 오늘 하루에 대한 거리낌이 점차 사라지고 활기찬 확신이 대신 자리할 거야.

***

그는 흉한 소문을 두려워하지 아니함이여 여호와를 의뢰하고 그의 마음을 굳게 정하였도다 _시 112:7

11장

하나님의 임재를 항상 경험하기 원할 때

너의 공허감을 가지고 나오면
나의 신성한 임재가 네 삶을 가득 채울 거야.

나 곧 내 영혼은 여호와를 기다리며 나는 주의 말씀을 바라는도다 파수꾼이 아침을 기다림보다 내 영혼이 주를 더 기다리나니 참으로 파수꾼이 아침을 기다림보다 더하도다 _ 시 130:5-6

101

"나와 동행하는 순수한 기쁨을 목적으로
나와 함께 시간을 보내렴.
온통 회색빛이 가득한 날도 환해지고
무료한 일상이 반짝일 거야."

◆◆◆

"사랑하는 예수님,

주님의 임재를 민감하게 인식하며 주님과 함께 시간을 보내는 것은 순전한 기쁨입니다. 그때 주님이 제게 약속하신 영원한 기쁨을 맛봅니다. 그러나 '일상'이 저를 좌절시킬 때가 있습니다. 매일 해야만 하는 의무는 주님의 임재를 흐릿하게 합니다. 제가 하는 모든 일에서 늘 함께하시는 주님을 누리기 원합니다."

나의 사랑하는 자야.

내가 나를 네게 드러내는 동안 나의 임재 가운데 잠잠히 가다리렴. 너의 앞에 쌓인 일에 대한 생각은 접어 두고, 기쁨으로 내게 초점을 맞추거라. 그런 다음, 나와 함께한 경험을 너의 의식에 새기고 가만히 이 묵상의 시간에서 물러나와 일상의 의무로 돌아가렴. 일상의 의무를 따분하게 생각하지 말고, 대신 그 일 가운데 더욱 활기차게 나를 초대하면서 나와 계속 교제하렴.

나와 깊은 교제를 나누면, 일상의 여러 활동 속에서도 더 쉽게 나를 찾을 수 있단다. 물론 나를 시야에서 놓칠 때도 있을 거야. 나는 너의 인간적 한계를 알고 있어. 하지만 너의 생각과 말, 감정이 모두 나를 향해 즐거이 나아오면 다시 나와 교제할 수 있단다. 나를 더 많이 의식할수록 너의 하루는 더욱 밝아질 거야. 나의 임재가 주는 활기로 너의 일상은 반짝이는 생기를 얻을 거야.

❖❖❖

나 곧 내 영혼은 여호와를 기다리며 나는 주의 말씀을 바라는도다 파수꾼이 아침을 기다림보다 내 영혼이 주를 더 기다리나니 참으로 파수꾼이 아침을 기다림보다 더하도다 _시 130:5-6

◆ **함께 묵상하면 좋아요**   시 103:13-14, 행 17:28

102

> "나의 임재 속에서 잠잠하기까지
> 시간이 걸려도 죄책감을 갖지 말거라.
> 너는 단지 너를 이끄는 네 안의 신성함에
> 반응하고 있을 뿐이야.
> 나는 내 형상을 따라 너를 창조했고,
> 네 마음에 천국을 감추어 두었단다."

◆◆◆

"사랑하는 예수님,

주님의 임재 속에서 잠잠히 머무는 것은 제게 어려운 일입니다. 저를 사로잡는 죄책감도 그 이유 중 하나입니다. 주님의 얼굴을 구하는 데 저는 왜 그토록 많은 시간이 필요한 걸까요? 저는 정말 이기적인 존재입니다. 하지만 이 일은 저의 가장 중요한 일이라는 사실을 마음 깊은 곳에서 느낍니다. 저는 이 세상이 줄 수 있는 것 그 이상을 열망합니다. 지금 이 순간 저의 마음은 영원한 천국을 맛보기를 바라며 주님을 바라봅니다."

나의 사랑하는 자야,

너는 이 땅에서 완전한 만족을 얻도록 창조되지 않았단다. 왜냐하면 너는 나의 형상을 따라 지음 받았기 때문이야. 천국이 너의 궁극적인 본향이기에, 나는 네가 나를 찾도록 네 마음에 천국의 향기를 약간 뿌려 놓았어. 천국을 사모하는 너의 영혼이 나를 기쁘게 하는구나. 내게 그토록 큰 기쁨을 주는 너의 노력을 방해하는 죄책감을 떨쳐 버리렴.

이 세상 고뇌 대부분은 사실 천국에서 누릴 완벽함을 향한 갈망이 표현된 거란다. 종종 그 공허함을 채우려는 잘못된 시도에서 가증스러운 죄악이 비롯되지. 이 세상 우상은 나를 믿지 않는 사람의 마음을 아둔하게 해서 그들이 사탄의 방식으로 천국을 찾아 헤매게 한단다. 그러나 참담한 죄인도 그 열정을 내게로 돌릴 때 훌륭한 크리스천으로 변화되지. 나의 사랑과 용서는 다른 무엇도 충족시킬 수 없는 영혼의 배고픔을 만족시킬 거야.

❖❖❖

여호와와 그의 능력을 구할지어다 그의 얼굴을 항상 구할지어다
_시 105:4

◆ 함께 묵상하면 좋아요   고후 4:4, 사 55:2

> "나의 선함을 맛보아 알거라.
> 나를 더욱 친밀히 경험할수록
> 나의 선함을 더 확신하게 된단다."

◆◆◆

"사랑하는 예수님,

저는 어렸을 때부터 주님은 선하시다고 배웠습니다. 그런데 저는 크게 변화되지 못했습니다. 저는 크리스천으로 살았고 주님의 선하심을 잠깐 잠깐 맛보았지만 여전히 주님을 진정 깊이 알지 못합니다. 일이 잘 풀리지 않고 잘못될 때는 주님의 인도에 화가 납니다. 오직 주님의 얼굴을 찾으려고 시간을 쏟을 때에만 친밀하게 주님을 알 수 있습니다. 이제 주님의 선하심을 맛보아 주님을 더욱더 경험하여 알기 원합니다."

◆ 함께 묵상하면 좋아요 렘 29:13, 시 63:5

나의 사랑하는 자야,

 나를 더욱 깊이 알려는 너의 욕구가 나를 기쁘게 하는구나. 사실 나는 꽤 오랫동안 너를 추구해 왔단다. 네가 나의 자녀가 되기 훨씬 전부터 네게 나를 드러내기 위해 일하고 있었지. 나를 알기 원하는 네 영혼의 깊은 필요를 드러낼 사건들을 네 삶에 두고, 내 임재의 빛을 드러내는 사람들을 만나도록 인도했단다. 심지어 네가 나를 구주로 받아들인 후에도 나와 세상 사이에서 나누어진 너의 마음을 얻기 위해 나는 계속해서 너를 추구했단다. 그리고 마침내 네가 온 마음을 다해 나를 찾기 시작했으니, 나는 정말 기쁘구나!

 너의 진심어린 온 마음이 우리 사이에 진정한 친밀함의 길을 활짝 열었단다. 너는 나의 선함을 맛보았고, 이제 그 이상을 원하지. 너의 이 열망에 나는 몇 가지 방법으로 반응할 거야. 하나는 고난이야. 네가 나를 더욱 신뢰하는 법을 배우도록 나는 너의 인생에 고난을 허락할 거야. 또 나의 완전함을 네가 더욱 확신하도록 너와 더욱 친밀하게 함께할 거야. 나의 목적은 네가 나의 선함을 확신해서 그 무엇도 나에 대한 너의 신뢰를 흔들지 못하게 하는 거야. 그러면 너의 영혼은 마치 풍성한 잔치에 온 것 같은 깊은 만족을 누릴 거란다.

•••

너희는 여호와의 선하심을 맛보아 알지어다 그에게 피하는 자는 복이 있도다 _시 34:8

104

"나는 네가 믿을 수 없을 만큼,
너의 호흡보다 더 가까이 네 곁에 있단다.
나의 임재를 인식한다면
다시는 결코 혼자라고 느끼지 않을 거야."

◆◆◆

"사랑하는 예수님,
 주님의 임재를 더욱 일관되게 경험하기를 가슴 깊이 소망합니다. 주님이 제 곁에 가까이 계심을 깨달을 때 평화와 만족을 누립니다. 제 호흡보다도 더 주님이 가까이 계시다니 놀랍습니다. 평소에 저는 공기가 저를 감싸고 있다는 사실을 인식하지 못합니다. 눈에 보이지도 않고 항상 존재하기 때문입니다. 이처럼 보이지 않으시는 주님이 저와 항상 함께하시는데 저는 그 사실을 자주 깨닫지 못합니다. 이 점이 저를 외롭고 나약하게 만듭니다."

나의 사랑하는 자야,

나의 임재를 인식하지 못하는 것과 너의 외로움 사이의 관계를 이해했다니 좋은 일이구나. 이 문제는 아주 오래된 역사를 가지고 있지. 야곱은 가족에게서 멀리 떨어져 황량한 광야 한복판에서 자신의 고독을 강하게 경험했단다. 하지만 나는 그에게 내가 함께한다는 걸 보여 주었어. 영광스러운 꿈의 형태로 말이야. 야곱이 깨어났을 때 그는 이렇게 고백했단다. "여호와께서 과연 여기 계시거늘 내가 알지 못하였도다"(창 28:16). 다른 사람들과 함께 있으면서도 공유할 수 없는 너의 생각, 그리고 표현되지 않은 너의 필요들로 인해 외로움을 느낄 수 있다. 외로움의 간극을 적절히 메울 유일한 방법은 변치 않는 나의 임재를 인식하는 거야. 나는 너와 항상 함께할 뿐 아니라 네 안에 있단다. 너의 마음속 은밀한 곳에 내가 있어. 나는 완전하고 조건 없는 사랑으로 너를 보고 너를 알고 이해한단다.

외로움을 느낄 때는 나의 얼굴을 구하렴. 너의 지극히 인간적인 공허감을 안고 내게로 오거라. 그러면 나의 신성한 임재가 너의 삶을 가득 채울 거야!

❖ ❖ ❖

주께서 나를 온전한 중에 붙드시고 영원히 주 앞에 세우시나이다
_시 41:12

◆ 함께 묵상하면 좋아요 시 145:17-18, 요 10:10

105

> "3차원이나 다른 시공간의 차원 말고도
> 나의 임재로 통하는 차원이 있단다.
> 이 땅에서도 천국을 맛보게 하는
> 다른 모든 것을 초월하는 차원이지."

•••

"사랑하는 예수님,
 주님의 임재로 통하는 이 차원을 이해하려고 노력하고 있습니다. 주님은 시간과 공간을 초월하는 분이십니다. 하지만 저는 시간에 매인 피조물입니다. 오직 현재에만 존재할 수 있습니다. 또한 제가 보는 세상은 분명하게 3차원입니다. 그래서 모든 것을 초월하는 차원을 이해하려면 믿음의 확장이 필요합니다."

나의 사랑하는 자야,

너의 말이 맞다. 나의 임재로 통하는 새로운 차원은 전적으로 믿음에 관한 거란다. 보이지 않는 내가 실재하며 진정 너와 함께한다고 믿는 일이지. 나를 알려면 이 믿음이 기본적으로 필요해. 그러나 나를 알아가는 데는 기술도 필요하단다. 나를 따르는 사람들 모두가 각각 나와 유일한 관계를 맺는다는 점에서 이 기술은 매우 개인적인 거야. 여기에는 나와 나누는 모든 의사소통, 나를 향한 너의 사랑 그리고 네가 나를 민감하게 받아들이는 일이 포함되지.

네가 나의 얼굴을 구하면 나의 임재는 네가 차지하는 시간과 공간보다 더욱 실제가 된단다. 나의 영광스러운 존재의 실존은 현재 네가 처한 환경보다 더욱 환히 빛나서 너를 현재라는 환경 너머로 들어 올릴 거야. 너는 자유를 느끼고 너의 영은 나와 함께 높이 솟아오르지. 내 안에서 즐거워하며 신성한 기쁨으로 힘을 얻을 거야. 이렇게 너는 이 땅에 사는 동안 천국을 미리 맛보는 기쁨을 누리게 된단다.

❖❖❖

믿음은 바라는 것들의 실상이요 보이지 않는 것들의 증거니 _히 11:1

◆ **함께 묵상하면 좋아요**　요 11:40, 엡 2:6, 느 8:10

"나의 임재 가운데 마음을 잠잠하게 하렴.
그러면 내가 부활할 때 선포한
축복의 음성을 듣게 될 거야.
'평강이 있을지어다.'"

◆◆◆

"사랑하는 예수님,
 저의 마음을 잠잠케 하는 것은 제게 큰 도전입니다. 저의 생각은 찰나에도 여러 갈래로 흩어집니다. 평화의 복을 주시는 주님의 음성을 정말 듣고 싶습니다. 생각의 속도를 늦추는 법을 가르쳐 주셔서 제가 주님의 평화로운 임재 속에 더욱 온전히 거하도록 도와주세요."

나의 사랑하는 자야,

너는 이미 가장 중요한 일을 하고 있단다. 바로 이 문제를 나와 나누는 일이지. 조용히 앉아 너의 몸을 쉬게 할 장소를 찾는 것도 중요해. 몸이 움직일 때보다 쉴 때 생각을 가다듬기가 훨씬 더 쉽거든. 마음과 몸은 매우 밀접하게 연관되어 있단다. 호흡을 가다듬으면 생각이 점점 질서를 찾아갈 거야. 그러면 너의 생각을 내게로 맞출 수 있어. 그렇게 하는 동안 너의 전 존재는 점점 쉼을 누리게 되지.

나의 임재의 경이로움을 묵상하렴. 나의 약속으로 너를 새롭게 하렴. 내가 너를 교훈으로 인도하며 보살필게. 내 영광의 풍성함을 따라 너의 모든 필요를 채울 거야. 나의 평화를 네게 줄게. 나의 평화는 영원히 약속되어 있지만 너는 그 사실을 계속해서 되새길 필요가 있단다. 너의 마음이 충분히 고요해지면, 내가 부활할 때 선포한 축복에 귀를 기울이렴. "평강이 있을지어다."

❖❖❖

여드레를 지나서 제자들이 다시 집 안에 있을 때에 도마도 함께 있고 문들이 닫혔는데 예수께서 오사 가운데 서서 이르시되 너희에게 평강이 있을지어다 하시고 _요 20:26

◆ 함께 묵상하면 좋아요   시 32:8, 빌 4:19, 요 14:27

107

"나의 빛이 네 꿈에 생명을 불어넣어서
너의 꿈을 서서히
현실로 변화시키도록 하렴."

◆◆◆

"사랑하는 예수님,
 주님께 저의 꿈을 가져옵니다. 어떤 꿈은 어슴푸레하고 평면적이어서 실현 가능성이 떨어집니다. 오직 주님만이 그 꿈에 활기를 불어넣을 수 있습니다. 저는 이제 기다리는 데 지쳤습니다. 그러나 꿈은 원래 제가 통제할 수 있는 영역이 아닙니다. 그래서 저로는 불가능한 일을 주님께서 해 주시기를 간구하며 주님의 임재 속에서 기다립니다."

◆ 함께 묵상하면 좋아요 시 36:9, 사 40:30-31

나의 사랑하는 자야,

언젠가는 이 기다림의 시간이 귀한 선물이었음을 깨달을 거란다. 너의 꿈이 실현되든 혹은 그렇지 않든, 내 임재의 빛 가운데 머무는 시간은 네게 매우 소중해. 태양빛의 풍성함을 생각해 보렴. 태양빛은 자연을 성장시키고 치유할 뿐 아니라 많은 다양한 유익을 주지. 나의 거룩한 임재의 빛은 자연 광선보다 훨씬 더 강력하고 유익하단다. 나의 임재를 기다릴 때 풍성한 복을 얻는 이유가 여기에 있어. 네가 나의 임재 속에 머무는 동안 초자연적인 나의 빛이 너를 비추고 네게 많은 유익을 줄 거야. 새 힘과 인도와 보호와 격려 그리고 셀 수 없는 많은 복을 말이야.

생명력 넘치는 나의 빛 가운데로 너의 모든 꿈을 가지고 오렴. 어떤 꿈은 너를 향한 나의 계획에 포함되지 않을 수도 있어. 나의 뜻을 구하며 그 꿈을 내게 넘겨준다면 천천히 너의 마음에서 그 꿈들이 잊힐 거야. 내가 허락하는 꿈은 네가 목표를 이루기까지 기도하며 나아가도록 격려한단다. 그러나 어떤 꿈들은 신비로운 베일에 가려진 채 남겨지기도 하지. 너의 마음에서 사라지지도 않고 길이 열리지도 않으면서 말이야. 때가 차면 나는 네가 오래 기다린 소망을 기쁜 현실로 바꿀 거란다.

...

> 그러나 여호와께서 기다리시나니 이는 너희에게 은혜를 베풀려 하심이요 일어나시리니 이는 너희를 긍휼히 여기려 하심이라 대저 여호와는 정의의 하나님이심이라 그를 기다리는 자마다 복이 있도다
> _사 30:18

108

*"내가 너의 마음속에
나를 알고자 하는 강한 열망을 일깨웠단다.
내 안에서 시작된 이 열망은
이제 네 안에서 밝게 타오를 거야."*

•••

"사랑하는 예수님,
 저의 마음을 깨워 주시니 감사합니다. 주님을 알기 전에는 다른 많은 곳에서 삶을 찾으려 헤맸습니다. 제가 찾고자 했던 것을 발견했다고 생각했던 때도 있었습니다. 그러나 결국은 실망할 뿐이었습니다.

 저의 환상이 완전히 깨진 후에야 주님은 제게 오셔서 저를 주님의 가족으로 삼아 주셨습니다. 수년이 지나서 저는 주님을 향한 갈증을 느끼기 시작했습니다. 더욱 깊은 수준으로 주님을 알 열망하면서 말입니다. 오늘 생생하게 저와 함께하시는 살아 계신 하나님을 만나도록 따로 시간을 구별해 놓습니다."

나의 사랑하는 자야,

네가 나를 더욱 친밀하게 알고자 시간을 구별했다니 정말 기쁘구나. 그러나 놀라운 일은 아니야. 네가 이 열망을 품기 훨씬 전부터 이미 나는 너를 추구해 왔기 때문이지. 나는 네 마음과 지성과 영을 통해서뿐 아니라 네 인생의 경험 속에서 일해 왔어. 나와 더욱 친밀히 동행하기 원하는 너의 갈망은 내가 네 안에서 이룬 고통스런 일의 결과란다. 네가 나를 갈망하도록 내가 먼저 일했기에 너의 그 반응은 나를 정말 기쁘게 하는구나. 우리 관계에서 내가 먼저 일했음을 아는 것이 중요해. 네가 영적으로 훈련한 결과 나와 가까워졌다는 생각은 위험하단다.

언젠가 너는 나와 함께하는 시간에 인색해질 수도 있고 집중하기 어려울 때도 있을 거야. 나의 곁에 머무르기 위해 너 자신의 노력을 의지한다면, 나로부터 거리감을 느낄 거야. 그러나 내게 의지한다면 곧 내가 행한 일, 지금도 하고 있으며 앞으로도 행할 나의 일에 집중한다면, 너를 향한 나의 사랑을 언제나 확신할 수 있어. 그때 너는 내 안에서 쉴 수 있지. 변함없는 나의 사랑을 신뢰하며, 나의 임재 가운데 자라게 될 거야.

✦✦✦

나는 포도나무요 너희는 가지라 그가 내 안에, 내가 그 안에 거하면 사람이 열매를 많이 맺나니 나를 떠나서는 너희가 아무 것도 할 수 없음이라 _요 15:5

◆ 함께 묵상하면 좋아요   시 42:2, 시 52:8

109

"알 수 없는 미래를 바라보는 대신
매 순간 내 임재를 인식하면서 기쁘게 살거라.
너의 미래는 내 손안에서 안전하단다.
하루하루 한 걸음씩 내딛을 때
네 앞에 너의 미래가 드러날 거야."

•••

"사랑하는 예수님,
 미래를 표현한 이 이미지가 참 마음에 듭니다. 귀빈 앞에 펼쳐진 레드카펫이 생각납니다. 주님의 손안에 저의 미래가 안전히 들려 있음을 알게 되어 기쁩니다. 주님은 매 순간 미래를 제 앞에 펼쳐 놓으시겠지요. 오직 지금 누리도록 허락하신 오늘 경이로운 주님의 임재 안에 거하도록 도와주세요."

나의 사랑하는 지아,

  현재를 더 많이 누릴 방법을 가르쳐 줄게. 사람들이 생각하는 미래는 실제로 존재하지 않는단다. 어느 누구도 도달할 수 없는 곳에 놓아 두었지. 사람들이 미래를 예측하는 건 단지 상상력을 훈련하는 것에 불과해. 오직 나만이 아직 존재하지 않는 일을 볼 수 있어. 나는 시간에 구속받지 않기 때문이야. 네가 하루하루 발걸음을 내딛을 때 내가 네 앞에 미래를 펼친단다. 시간이라는 레드카펫 위를 걸을 때 너는 현재라는 순간 말고는 다른 어떤 순간도 밟을 수 없어. 미래를 응시하는 태도가 얼마나 무익한지 깨달으면, 현재를 더욱 풍성히 살 자유를 얻고 나와 함께하는 지금을 더욱 기뻐하게 될 거야.

  이처럼 자유로워지는 것은 저절로 되지 않는단다. 노력이 필요해. 너의 마음은 멋대로 미래를 방황하는 데 익숙하기 때문이지. 그런 생각이 들 때는 네가 허구의 세계를 방황하고 있음을 깨달으렴. 그러면 마치 너의 공상을 지지하던 땅이 무너지는 느낌을 받을 거야. 그리고 이 깨달음은 너를 현재로, 지금 이곳으로 돌아오게 한단다. 나의 변함없는 사랑 속에 너를 품에 안으려고 나는 여기서 너를 열렬히 기다리고 있어.

···

사람이 장래 일을 알지 못하나니 장래 일을 가르칠 자가 누구이랴 _
전 8:7

◆ **함께 묵상하면 좋아요**   계 1:8, 시 32:10

> "네가 나의 임재를 기다리는 동안
> 나는 네 안에서 최선의 일을 이룬단다.
> 너의 마음을 새롭게 함으로 너를 변화시키지.
> 나와 함께하는 이 소중한 시간을
> 아깝게 생각하지 말거라."

•••

"사랑하는 예수님,

급하게 처리할 일이 있을 때에는 주님의 임재 속에서 시간을 보내기가 어렵습니다. 저의 열심과 적극적인 마음은 어서 오늘의 일과에 뛰어들어 해야 할 일 목록을 빨리 지우고 싶어 합니다. 제 일보다 주님의 일이 더 중요하다는 사실을 기억하려면 몸부림을 쳐야 합니다. 주님께 저를 변화시킬 시간을 드려야 하기 때문입니다."

나의 사랑하는 자야,

　네 안에서 내가 행하는 일을 생각하렴. 나는 다른 어떤 일보다 너의 마음을 새롭게 하고 있단다. 이것은 엄청난 일이야! 내 임재의 빛을 너의 마음에 비출 때 어둠이 사라지고 속임수가 벗겨질 거야. 그런데 너의 머릿속에는 옛 사고방식이 숨을 공간이 많단다. 습관적인 사고방식은 쉽게 바뀌지 않지. 네 안에 거하는 나의 영이 그 적들을 찾아 파괴할 거야. 성령님이 해로운 사고방식에 빛을 비추면 그것을 꼭 붙잡아야 내게로 가져오렴. 왜곡된 진실을 찾아 성경적 진리로 바꾸도록 내가 도와줄게.

　나와 나의 말에 중심을 두면 왜곡된 사고에서 자유로워진단다. 왜곡은 대부분 유년시절이나 네가 견뎌야 했던 트라우마에서 비롯해. 이런 왜곡된 패턴들이 너의 머릿속에 깊이 새겨져 있는데, 한 가지 사고 패턴을 완전히 다스리기 위해 동일한 생각을 반복해서 내게 가져와야 할 수도 있어. 그러나 이 모든 노력은 놀라운 결과로 이어질 거야. 나의 사고로 생각하는 자유가 커지면서 나와 깊이 교제하게 되지. 내가 너의 내면을 철저히 개조하는 동안 나와 함께 머무르자꾸나!

❖❖❖

하나님 아는 것을 대적하여 높아진 것을 다 무너뜨리고 모든 생각을
　사로잡아 그리스도에게 복종하게 하니 _고후 10:5

◆ 함께 묵상하면 좋아요　시 130:5, 롬 12:2

사명선언문

너희가 흠이 없고 순전하여……세상에서 그들 가운데 빛들로
나타내며 생명의 말씀을 밝혀 _ 빌 2:15-16

1. 생명을 담겠습니다
만드는 책에 주님 주신 생명을 담겠습니다.
그 책으로 복음을 선포하겠습니다.

2. 말씀을 밝히겠습니다
생명의 근본은 말씀입니다.
말씀을 밝혀 성도와 교회의 성장을 돕겠습니다.

3. 빛이 되겠습니다
시대와 영혼의 어두움을 밝혀 주님 앞으로 이끄는
빛이 되는 책을 만들겠습니다.

4. 순전히 행하겠습니다
책을 만들고 전하는 일과 경영하는 일에 부끄러움이 없는
정직함으로 행하겠습니다.

5. 끝까지 전파하겠습니다
모든 사람에게, 땅 끝까지, 주님 오시는 그날까지
복음을 전하는 사명을 다하겠습니다.

서점 안내

광화문점 서울시 종로구 새문안로 69 구세군회관 1층
02)737-2288 / 02)737-4623(F)

강남점 서울시 서초구 신반포로 177 반포쇼핑타운 3동 2층
02)595-1211 / 02)595-3549(F)

구로점 서울시 동작구 시흥대로 602, 3층 302호
02)858-8744 / 02)838-0653(F)

노원점 서울시 노원구 동일로 1366 삼봉빌딩 지하 1층
02)938-7979 / 02)3391-6169(F)

일산점 경기도 고양시 일산서구 중앙로 1391 레이크타운 지하 1층
031)916-8787 / 031)916-8788(F)

의정부점 경기도 의정부시 청사로47번길 12 성산타워 3층
031)845-0600 / 031)852-6930(F)

인터넷서점 www.lifebook.co.kr